Für Matteo

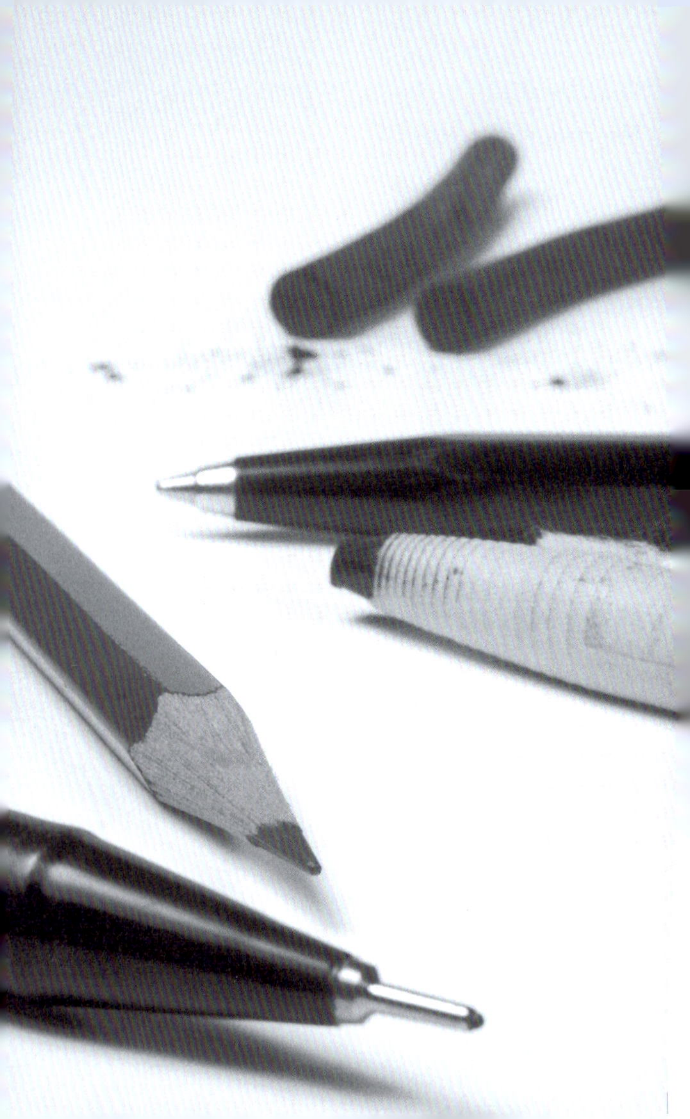

6. Auflage 2023

verlag hermann schmidt
Gonsenheimer Straße 56
55126 Mainz
Tel. +49 (0) 61 31 5060 0
info@verlag-hermann-schmidt.de
www.verlag-hermann-schmidt.de
facebook: Verlag Hermann Schmidt

ISBN 978-3-87439-633-2
Printed in Europe with Love.

Gestaltung: David Schlatter
Mitarbeit: David Schlatter, Reto Spillmann

Studentinnen und Studenten: Daniela Boner, Frédéric Borruat, Patricia Cico, Sebastian Engelhorn, Thomas Fenner, Johanna Gerum, Florian Graf, Esther Hodel, Salome Kuratli, Niki Kuthan, Simone Leuenberger, Sascha Mathis, Linda Michel, Lisa Nestler, Vera Nowakowski, Daniel Öztas, Oliver Romppainen, Wolfgang Rossbauer, Beatrice Roth, Annemarie Ryffel, Andreas Schelling, Corina Schneider, Désirée Schön, Felix Siegrist, Eliane Stern, Daniel Sutovsky, Lorenz Weingart, Heidi Windlin, Fabian Würmli, Martin Zimmerli
Schriften: Avenir, ITC Stone Serif
Papier: 130 g/m² Artic Volume White
Gesamtherstellung: L&C Printing, Krakau

Quellennachweis
S. 6: Jean Dubuffet, «Il a ôté les nails»
S. 30: Auguste Rodin, «Le penseur»
S. 54: Hans Rudolf Bosshard; Technische Grundlagen zur Satzherstellung, Band 1
S. 114: Kurt L. Metzler
S. 164: Kurt Braunmüller; Tanzen

Peter Jenny
Notizen zur Figuration

22 Übungen zur archetypischen Darstellung des Menschen

Prof. Peter Jenny
Kleinrussigen 6
CH-8755 Ennenda

Leerstellen

«Notizen zur Figuration» deutet an, verschweigt, abstrahiert und ist – was die Darstellung des Menschen betrifft – mit Absicht zeichenhaft.

Der zweckfreie Raum

In meiner frühen Schulzeit hatte ich das Glück, einen Lehrer zu haben, der es uns erlaubte, nach Beendung der schriftlichen Arbeiten die jeweils verbliebenen Papierränder mit Kritzeleien zu füllen. Bar jeder Pädagogisierung oder Themenvorgabe konnten wir die schriftlichen Arbeiten mit Zeichnungen «auffüllen». Ohne es zu merken, entwickelten wir dabei eine Kritzelkultur; dem Lehrer war dies gleichgültig, ihm genügte es schon, sparsam mit den knappen Papiervorräten zu haushalten. Die Kreativität war dem Schulmeister nicht so wichtig, umso zweckfreier konnte sie sich entfalten. Der Selbstausdruck fand dann auch häufig mehr am Blattrand statt als im Aufsatz mit den diktierten Rahmenbedingungen. Etwas zu sagen haben, wurde ergänzt, indem wir etwas zu zeichnen hatten, und dies ohne Stufen-, Fach- oder Stundenplanbestimmungen. Da der Appetit bekanntlich beim Essen kommt, war es nicht zu vermeiden, dass die Aufsätze immer schneller beendet wurden, die Ränder immer breiter wurden; und die wuchernden Zeichnungen eroberten sich still und heimlich mehr und mehr Papierraum, was den besagten Lehrer nicht sonderlich zu stören schien. Auch bei den Rechenaufgaben wurde «fürs Leben» gelernt, um die Zahlen rankte dagegen eine Gegenwelt, die den Schulinspektor vermutlich nicht gerade in Begeisterung ausbrechen liess, da er sie weder einordnen noch bewerten konnte.

Das Gestikulieren

Mit den Händen lassen sich leicht Figuren in die Luft malen. Selbst wenn diese nur beiläufig gemeint sind, illustrieren sie etwas und gehören darum genauso zum Zeichnen, als würden sie auf dem Papier festgehalten. Der körperliche

Ausdruck einer Zeichnung beginnt beim Körper, die Arbeitsteilung zwischen Gestik und figürlicher Zeichnung, mag sie auch als Nacheinander erfolgen, lässt sich verwischen, wenn der Blick bereit ist, Zeichnungen etwas umfassender als sonst üblich wahrzunehmen. Eine Zeichnung lässt sich auch auf dem Papier leichter bilden, wenn sie mit Gesten vorbereitet, mit Schritten in den Sand gezeichnet wird oder sich vorerst in einem blossen Schatten niederschlägt.

Das archetypische Zeichnen

Denken wir an frühe Höhlenzeichnungen und an die Auslegungen, die sie im Laufe der Zeit bei den Betrachtern bewirkten, fällt die Vielfalt der Interpretationen auf. Die Suche nach Bedeutungen erfährt nicht selten durch die Neigungen der Interpreten entsprechende Auslegungen. Das Offene, Ungenaue und Angedeutete ermöglichen eine individuelle Wahrnehmung; wer die angedeuteten Zeichen sieht, wird auf eigene Erfahrungen zurückgreifen müssen. Diejenigen, die vor langer Zeit, in einer anderen Kultur, unter völlig anderen Bedingungen die Zeichnungen machten, berichteten von ihren Erfahrungen in einer Unschärfe, die es heute erlaubt, dass aussen stehende Betrachter auf ihre Erfahrungen zurückgreifen, wenn sie sich auf diese Bildbotschaften einlassen. Die Zeichnungen beginnen selbst zu kommunizieren, sie sind neugierig, sie versuchen nicht zu überreden, sondern lechzen nach neuen teilnehmenden Augen, die wiederum eigene Gedanken zu entwickeln beginnen.

Wer kritzelt, pflegt vorerst ein befriedigendes «Selbstgespräch». Die beiläufig entstandenen Skizzen erfüllen damit einen Selbstzweck und werden in der Regel nicht gemacht, um daraus etwas zu lernen. (Selbstgespräche dienen ja auch nicht dazu, sprachliche Kompetenzen zu steigern.) Das Schöne dabei ist, dass der Selbstzweck nicht belächelt wird wie etwa bei jemandem, der mit sich selbst spricht. Sprechende, Machende und Betrachtende greifen hinab in ihren eigenen Erfahrungsschatz, wo archetypisches Gedankengut schlummert, der nur darauf wartet, gehoben zu werden. Was dabei ins Auge springt, ist die Toleranz gegenüber unterschiedlichen Kommunikationsformen und Interpretationen.

Einbildungskraft

Gedeutete Zeichnungen mögen uns schnell als schleierhaft erscheinen, was zu einer abwertenden Haltung beitragen könnte. Stellen wir uns einfach einen Seidenschleier vor, der uns die verdeckten Formen mehr ahnen lässt, als dass er sie vollends preisgibt. Wir brauchen dem Schleierhaften nur eine etwas andere Materialität zu geben, um plötzlich viel sehen zu wollen und das Schleierhafte dadurch als anregend zu empfinden.

Die Augen können (zum Glück) kaum alles erfassen, sie benötigen immer Fantasie. Eine Skizze beginnen und aufhören, Dinge mehr andeuten als fertig formulieren – und schon kommt man nicht mehr darum herum, sich auf die Seite der Fantasie zu schlagen. Jeder Mensch hat darum Fantasie, es existiert keine Wahrnehmung, die ohne sie auskommen würde. Es gibt wunderbare Zeichnungen von Menschen, die scheinbar nicht zeichnen können; gerade diese Bildgestalter appellieren an unsere Einbildungskraft, da ihre Werke ebenfalls aus der Einbildungskraft entstanden sind.

Kindereien

Macht es heute, zu Beginn des neuen Jahrtausends und in einer Welt der Mikrochips, noch Sinn, mit einem Stift und etwas Papier kleine Figürchen aufs Papier zu bringen? Sind das nicht naive Gemüter, die sich diesem Zeitvertreib hingeben? Haben neben dem Internet künstlerische Formen des Sehens (die nicht den Anspruch erheben, Kunst zu sein) eine Berechtigung? Auf die Fragen gibt es keine wissenschaftliche Antwort, aber eine, die mit zwei Buchstaben auskommt: JA. Das, was uns zum Spielen, zum

Lachen, zum Fantasieren bringt, kann – unter vielem anderem – mit Zeichnen geschehen. Ein Subjekt vertreibt sich die Zeit, ja kultiviert diesen Zeitvertreib, indem es eine Sprache mit Bildern erkundet. Hat nicht Bildung – auch die Schulbildung – mit Anschaulichkeit zu tun? Bilder dienten zu allen Zeiten dazu, der Anschauung einen Sinn zu geben. Gäbe es die Anschauung nicht, gäbe es keine denkenden Wesen. Zeichnungen, auch diejenigen der Kinder, erleichtern das Begreifen einer Blindschleiche ebenso wie die Vorstellung der Welt. Etwas zeichnen zu wollen, kann das Gleiche sein wie träumen im Wachzustand, was wir wohl erst akzeptieren können, wenn wir auch unzuverlässige Informationen in den Zeichnungen zu akzeptieren wissen. Trompe-l'Œil sind Täuschungen, ohne sie kommen Bilder nicht aus, sie zeigen das, was man zu sehen glaubt, obschon man weiss, dass es sich um Täuschungen handelt. Die Realitätsformen sind fliessend wie einst im kindlichen Spiel, nur haben Erwachsene mehr Mühe, die jeweilige Täuschung mit einer Realität zu reflektieren. Der Mehrwert der Bilder, die verschiedene Wahrnehmungsarten zulassen, wird gerade dort offensichtlich. Schon Napoleon Bonaparte wusste es: «Man muss zunächst die Augen ansprechen.» Napoleon wusste vermutlich auch, welche Vorrangstellung dem Unsichtbaren im Sichtbaren zukommt.

Die Rechtzeichnung?

Wer einen Duden besitzt, kann seine Rechtschreibung überprüfen. Wer einen Anwalt beschäftigt, kann auf Rechtsprechung hoffen. Wer ein Lehrbuch für Zeichentechnik besitzt, darf trotzdem Fehler machen. Gesetze übertreten und Dinge ausprobieren, die andere als verboten betrachten; etwas anders betrachten zu können, gehört zum Ziel, um möglichst verschiedene Betrachtungsweisen zu erproben. «Alles, was recht ist», weist auf ein Empfinden hin, das mit Abweichungen konfrontiert wird, dem dies aber nicht so recht behagen will.

Rechtzeichnen, das Wort hat es nie gegeben, weil allein Zeichnen genügt, weil das Interesse genügt und weil die Augen auch mitarbeiten, wenn lediglich probiert wird. Ein Künstler wie Alberto Giacometti war ein grosser Könner; was sicher nur wenigen gelingt, gelang ihm: exemplarische Darstellungen zu schaffen über das Wesen des Menschen. Dies soll uns nicht weiter beschäftigen, jedenfalls so lange nicht, als die Meisterschaft uns nicht davon abhält, selbst etwas probieren zu wollen. Das ständige Ausprobieren, die Versuche, die Änderungen, die Überarbeitungen und die Zweifel stehen auch denjenigen offen, die immer wieder an ihrem Talent zweifeln, selbst wenn die Genialität sich kaum jemals einstellen wird. Probieren geht ja bekanntlich über studieren.

Man muss nur wollen?

«Wo ein Wille ist, ist auch ein Weg.» Dies stimmt vermutlich nur dann, wenn wir den Weg nicht als zu lang empfinden. Und als zu lang empfänden wir ihn, wenn Kunst und nicht das Probieren mit Zeichnungen das Ziel des Zeichnens wäre. Das Probieren darf zur Gewohnheit werden, weil beim Experimentieren mit Darstellungsformen nichts passieren kann, was nicht reversibel wäre. Der Papierkorb sollte trotzdem nicht zu früh in Anspruch genommen werden, es sei denn, die Vorstellung gelinge uns, im Papierkorb eine Art Gedächtnisgalerie zu sehen (nur darf sie dann, die Gedächtnisgalerie, nicht so schnell geleert werden). Entwerfen und verwerfen sind seit je sich gegenseitig bedingende Handlungen. Aber manchmal geschieht das Verwerfen zu schnell. Trotzdem, auch Zeichnungen, die man loshaben möchte, nisten sich auf der Netzhaut ein, sind noch da, wenn der Stift nach neuen Formen sucht, und beeinflussen ihn entsprechend. Der Papierkorb ist nicht – ob man will oder nicht – so leicht aus dem Hirn zu kippen. Mit dem Abfall sollten wir anders umgehen, als wir dies einmal gelernt haben; ähnlich wie mit dem Aushub – um beim Wegbild zu bleiben –, der wieder Verwendung findet, wenn auch an anderer Stelle zu neuem Zweck. Zeichnungen haben Vorfahren, diese zu sammeln sollte uns ebenso viel Genuss bereiten wie die Aufbewahrung derjenigen Bilder, die wir – aus welchen Gründen auch immer – zu schätzen wissen und damit als gelungen einstufen.

Schönheit

Bei Peter Bichsel lese ich: «Im 18. Jahrhundert hat dann ein Berner, Albrecht von Haller, die Alpen für die Welt entdeckt. Er hat ein grosses Gedicht, ‹Die Alpen›, geschrieben, das von den Gebildeten seiner Zeit mit grosser Überraschung gelesen wurde. Er öffnete ihnen die Augen, und von da an waren die Alpen schön.» (Selbstverständlich halfen auch Bilder zu allen Zeiten, Schönheit zu entdecken.) Versuchen wir es dennoch, wie Albrecht von Haller (wenn auch nicht gerade mit Gedichten), gönnen wir den Skizzen ein paar Worte. Versuchen wir zu beschreiben, was als schön empfunden wird, und notieren wir dies, entweder auf der Rückseite oder innerhalb der Zeichnung. Mit ein paar Worten lassen sich auch leicht Sinnveränderungen herbeiführen, die Offenheit der Skizzen begünstigt dies zweifellos. Gemeint sind nicht etwa schriftliche Begründungen, gemeint ist die Fusionierung zwischen Wortnotizen und Bildnotizen. «Künstlerische» und «literarische» Notizen verbinden sich zu einem neuen Material, ohne dass das eine das andere nachahmt. Manchmal sehen wir mit dem Sprachkopf, manchmal denken wir mit dem Augkopf. Dass die Blicke dem Visuellen folgen, die Gedanken dem Verhalten, stimmt also nur bedingt, aber beides zusammen sagt: «Ich weiss nicht, wie andere das sehen, aber dies hat etwas mit mir zu tun und ist dadurch nicht mehr namenlos.»

Selbst etwas …

Ein neugieriger Mensch jagt nicht nach Neuigkeiten, wenn ihn auch die Gier auf Neues auszeichnet. Neuigkeiten aus den Massenmedien jagen sich gegenseitig in die Inflation. Neugierige probieren selbst etwas, entdecken selbst etwas, konsumieren selbst etwas, lesen selbst etwas … Auch wer konsumiert – und dies tun wir alle –, versteht dies besser mit Neugierde. Lässt sich auch Fantasie konsumieren? Nicht wenige Menschen behaupten: «Fantasie hat man oder hat man nicht.»

Dass Fantasie auch ausgeliehen werden darf, will niemand so recht glauben. Schade, wer von uns hat sich nicht schon das eine oder andere ausgeliehen? Die «Rückgabe» der ausgeliehenen Fantasie geschieht dadurch, dass der «Schuldner» sie früher oder später verändert und damit zur eigenen Fantasie macht, die dann wiederum für andere bereitsteht, um ausgeliehen zu werden. Aus der Fülle auswählen zu können, braucht Differenzierungsfähigkeit. Die Überfülle erschwert uns, etwas kritisch zu überprüfen. Übernehmen oder Ablehnen, Tun oder Nichttun wird verständlicherweise von vielen dahingehend beantwortet, dass sie einfach nichts tun. Wer nichts tut, hat Zeit, vielleicht gerade so viel, um etwas zu tun, das nichts bringt ausser der eigenen Befriedigung. Wir wissen bei vielem nicht, wie es funktioniert, und sind trotzdem davon abhängig. Beim Zeichnen entdecken wir ein kleines Stück Wahrnehmung, ohne deswegen ein exaktes Abbild von ihr geben zu können. Die angestrebten Skizzen sind dann auch keine Abbilder von Onkel Hans und Tante Susi, die belegen würden, wie diese aussehen, sie sind Zeichen, die auf Menschen verweisen. Es gibt Blicke, die nicht abbilden, und ihnen gelingen manchmal Zeichnungen, die sagen: «So ist es» eben in einer Zeichnung. Sie wollen nichts anderes sein als Zeichnungen – IHRE Zeichnungen.

Peter Jenny

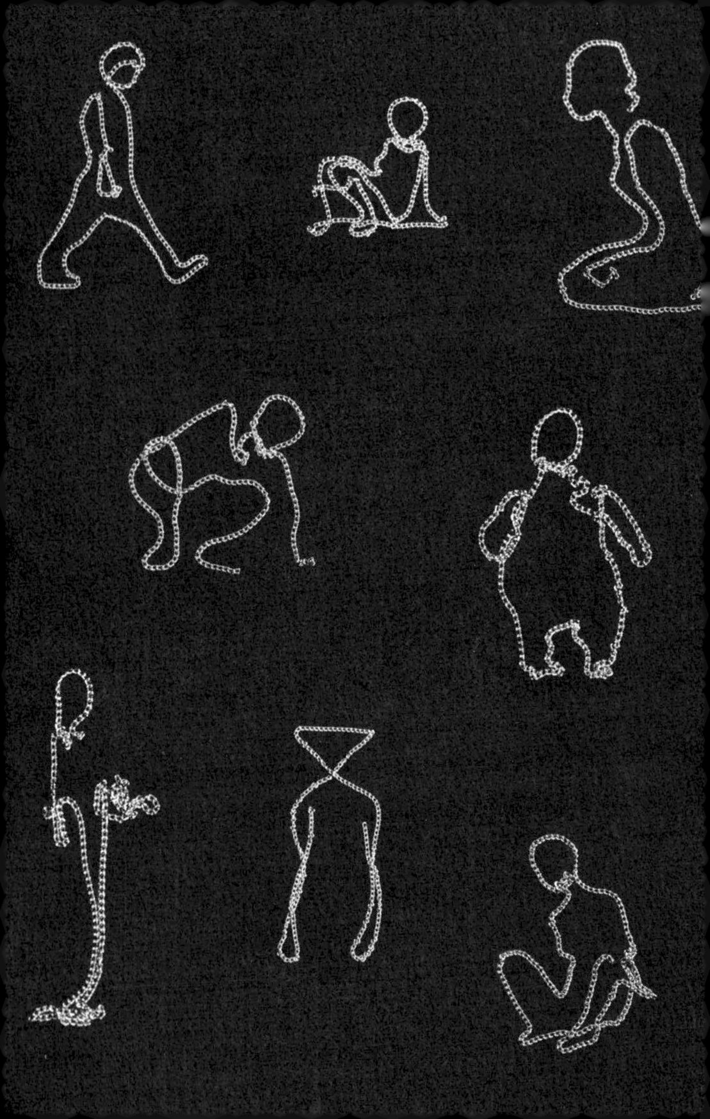

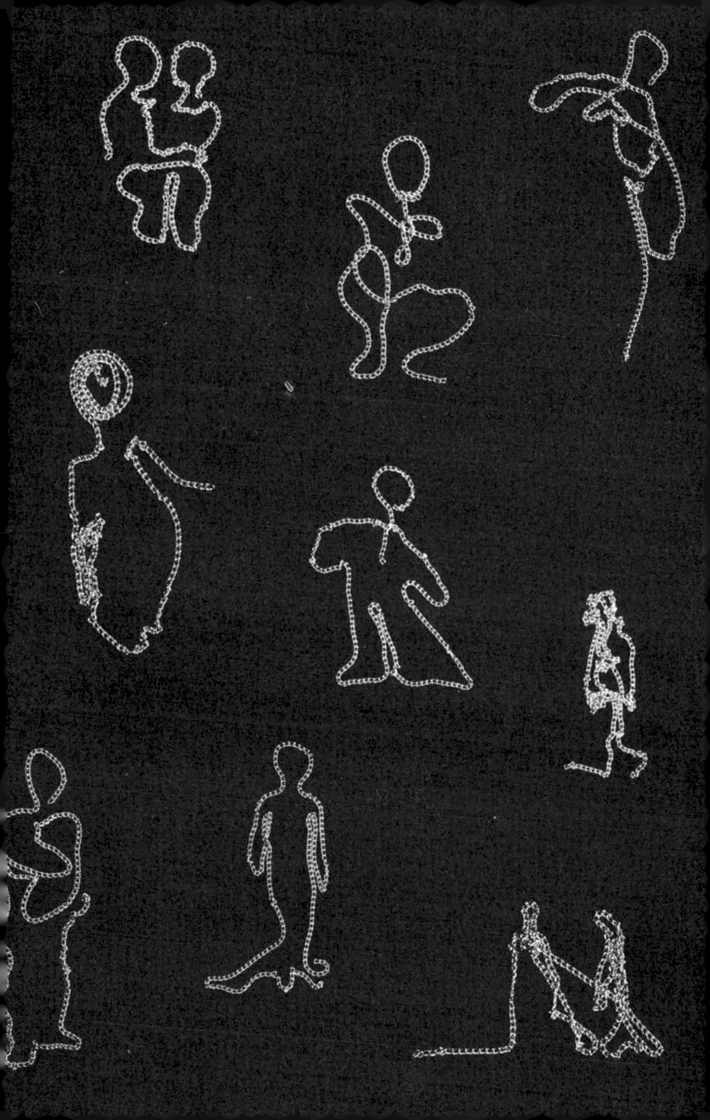

1

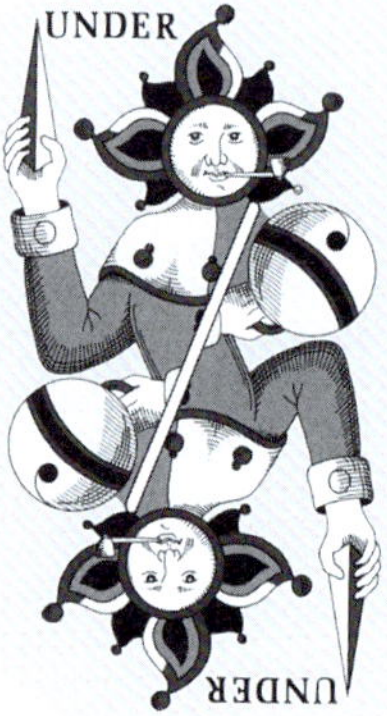

Spiegeln

Der Mensch ist nur selten symmetrisch, trotzdem sehen wir in einer Spiegelung schnell eine Figur. Produzieren Sie eine Reihe von verschiedenen Klecksen. Setzen Sie einen Spiegel mit der Kante (rechtwinklig) auf die schwarzen, amorphen Flecken. Drehen und verschieben Sie die Spiegelkante, bis sich vor Ihrem Auge verschiedene Figuren einstellen, die Sie vorerst nur beobachten. Als zweiten Schritt zeichnen Sie mit Tinte halbe Figuren, falzen das Papier, solange die Tinte noch nass ist, damit sich die gezeichnete Seite verdoppelt.

40 Minuten, A4

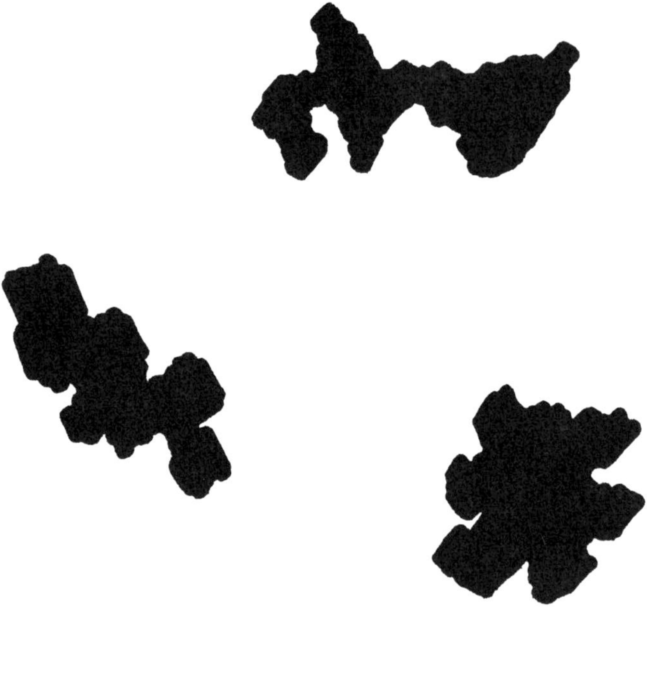

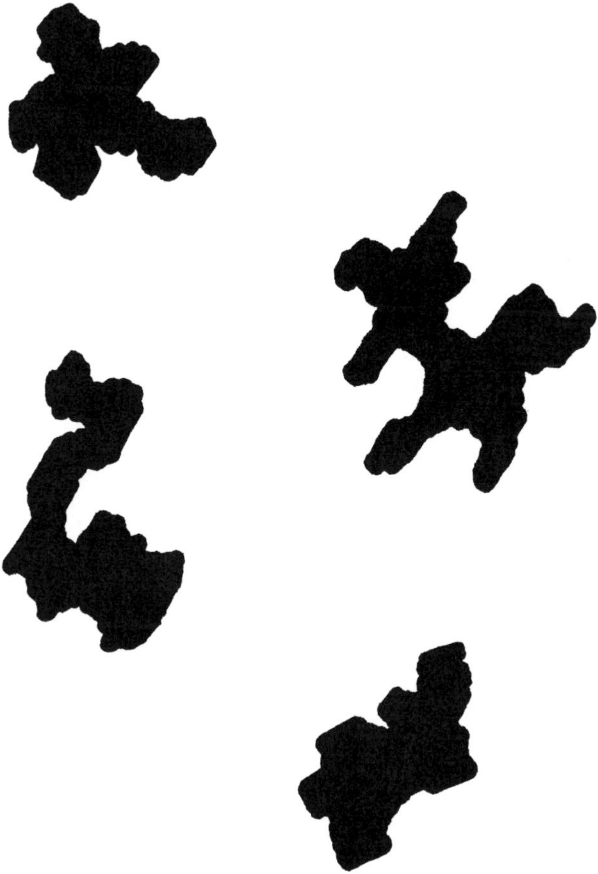

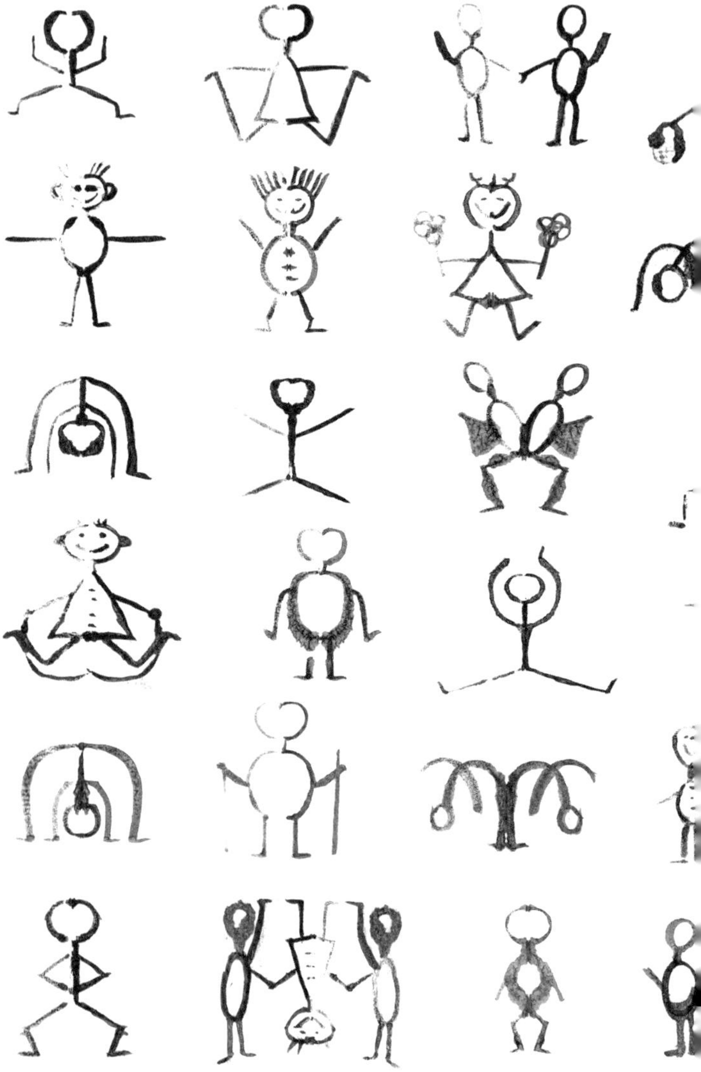

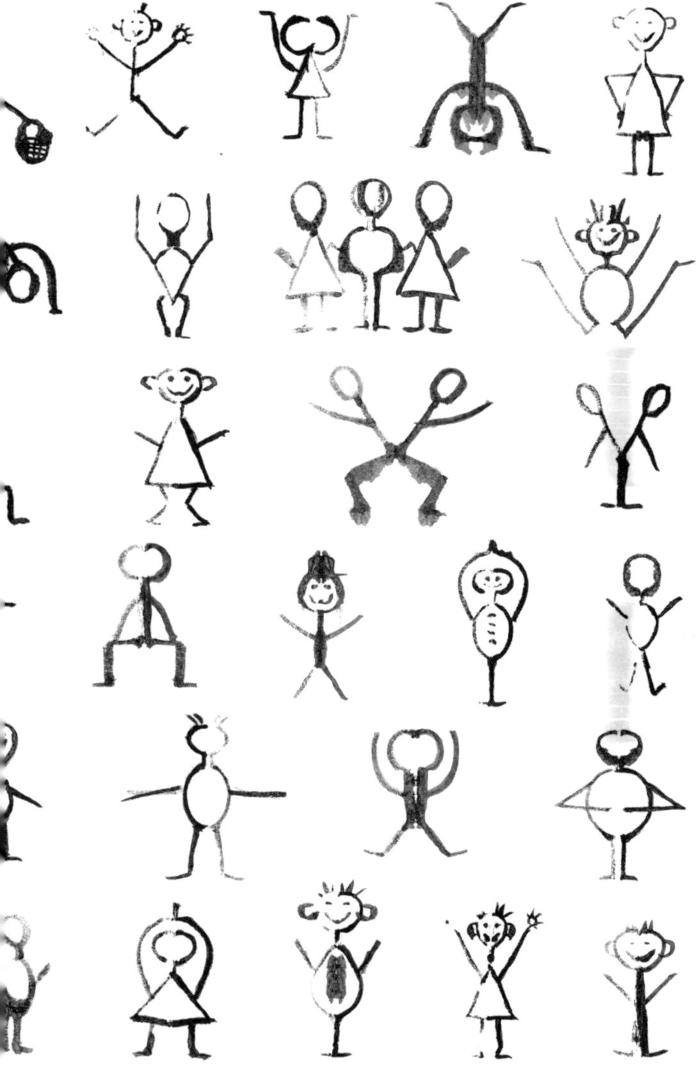

2

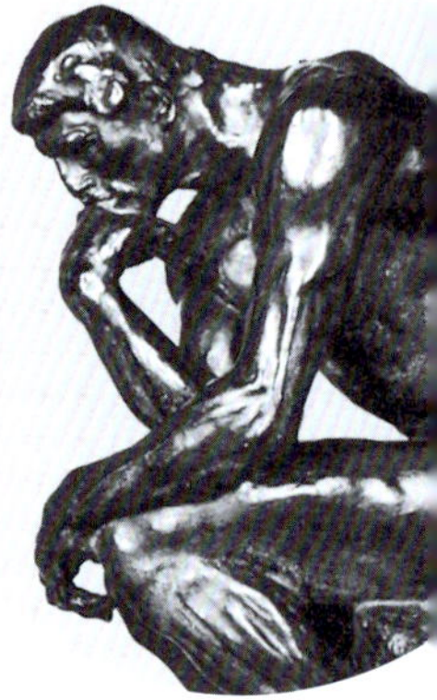

Erinnern

Wir erinnern uns an bestimmte Formen mit einer Genauigkeit, die es uns erlaubt, eine exakte Vorstellung von «etwas» zu haben. Beim Umsetzen auf ein Blatt Papier sehen wir sofort, dass etwas von der Formvorstellung abweicht. Die abweichende Sicht produziert dadurch das annähernde Bild. Der Fehler ist also eine willkommene Voraussetzung für das rechthaberische Auge in uns. Stellen Sie sich eine Spielfigur vor, zeichnen Sie diese, bis Sie glauben, die Form, an die Sie sich erinnern, gefunden zu haben.

15 Minuten, A5

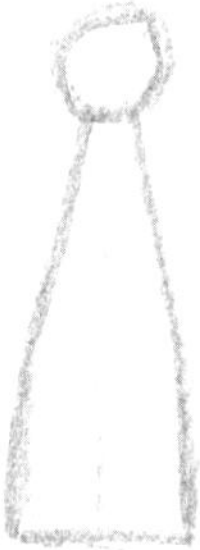

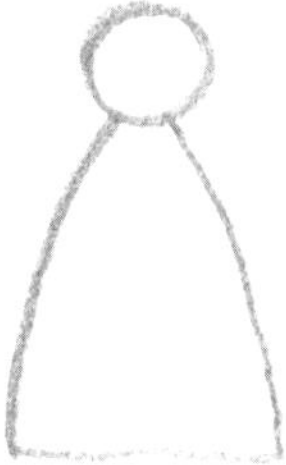

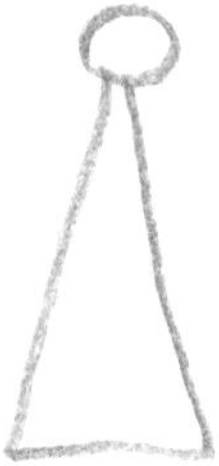

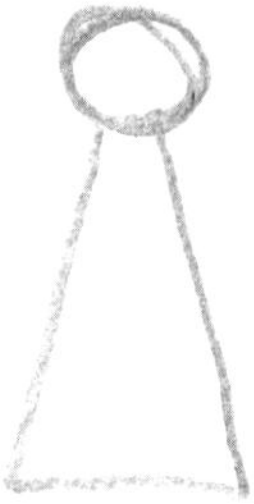

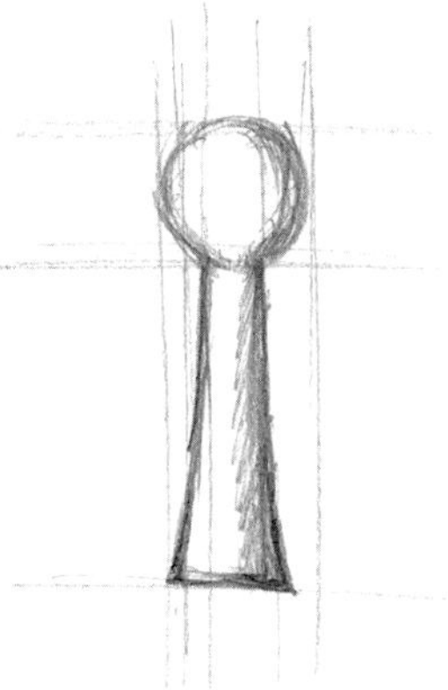

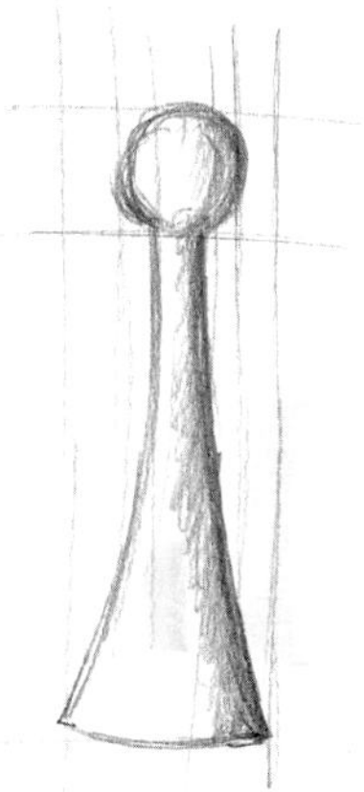

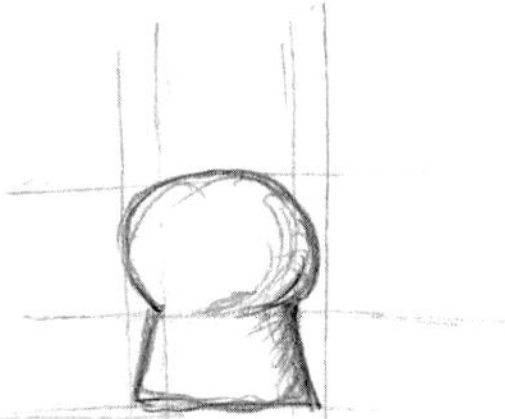

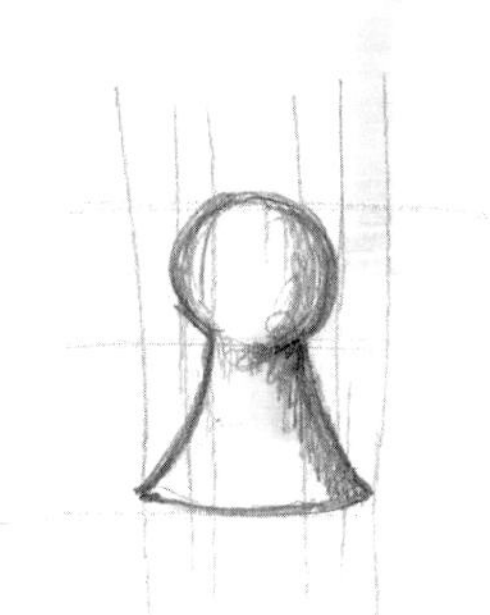

3

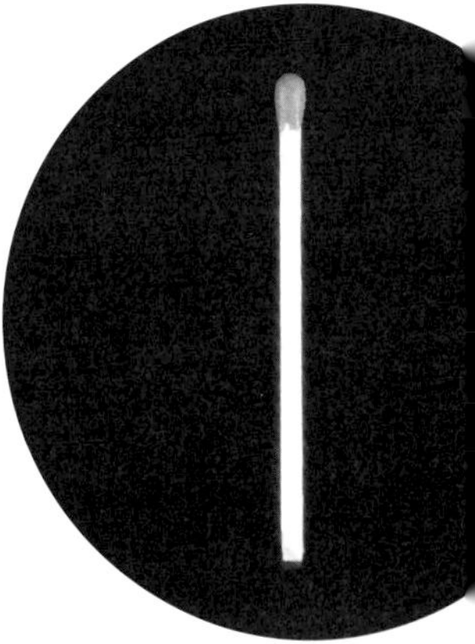

Festhalten

Gewisse Dinge sehen wir nicht nur mit den Augen, sondern auch mit den Fingern. Geringste Abweichungen von einer Norm werden schon allein durch die tastenden Finger erkannt. Streichhölzer unterliegen einer uns bekannten Norm, sie zu Gunsten einer anderen Norm zu verändern, soll Ihr Anliegen sein. Arme, Beine, Rumpf und Kopf brechen Sie in entsprechende Proportionen, die Sie wiederum zu verschiedenen Figuren zusammenfügen. Damit Sie mehrere Strichfiguren mit wenigen Elementen machen können, empfiehlt sich die Frottage- oder die Stempeltechnik.

40 Minuten, A4 (dünnes Papier)

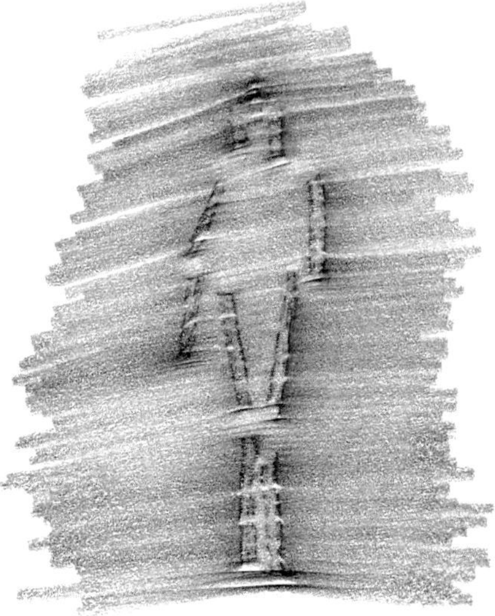

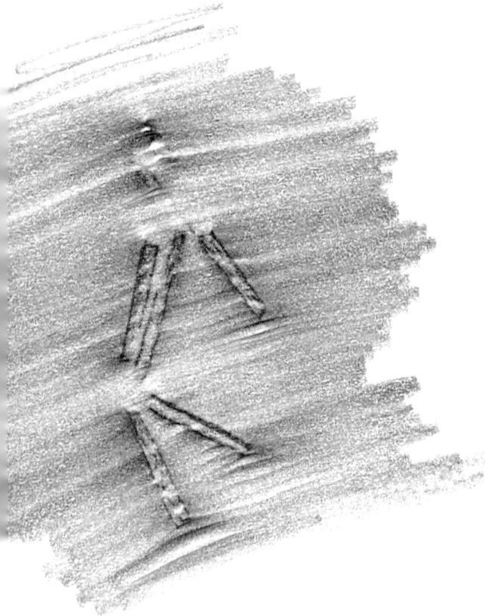

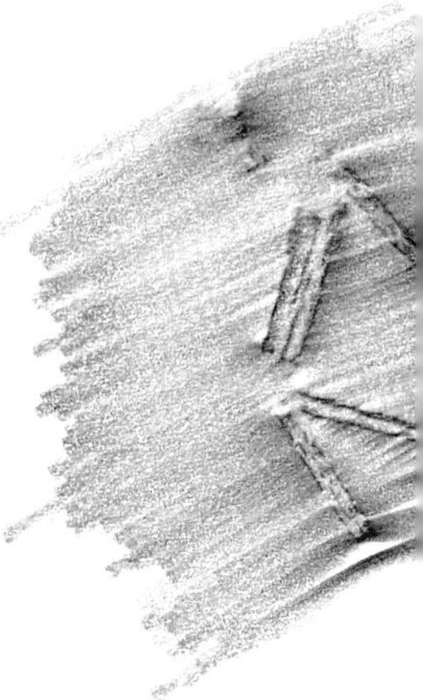

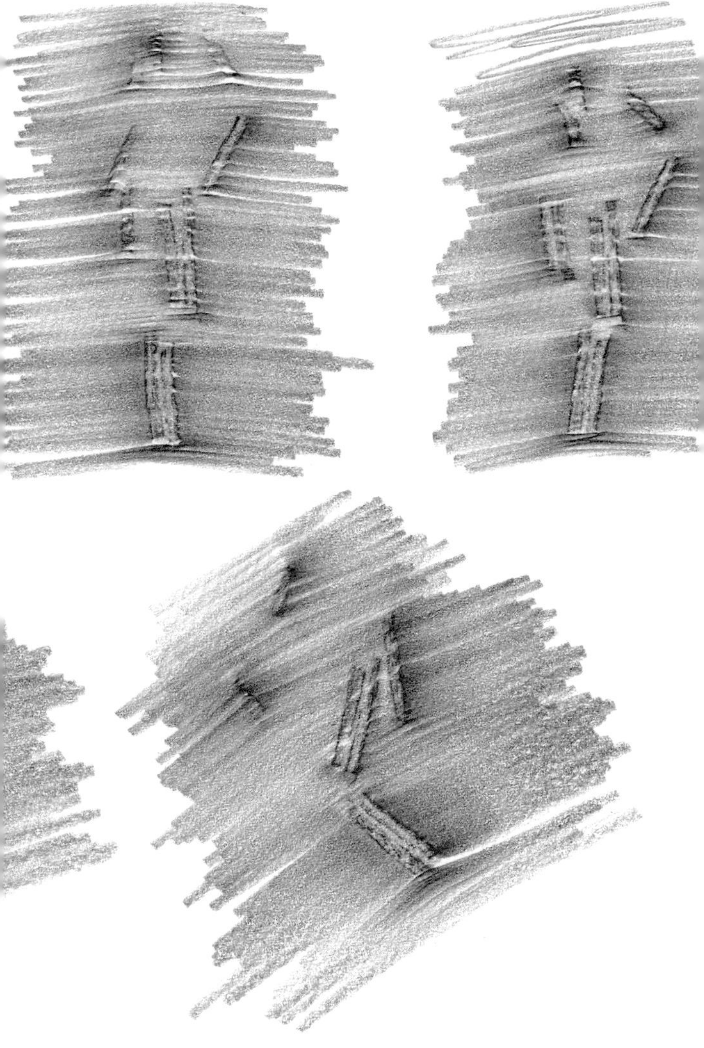

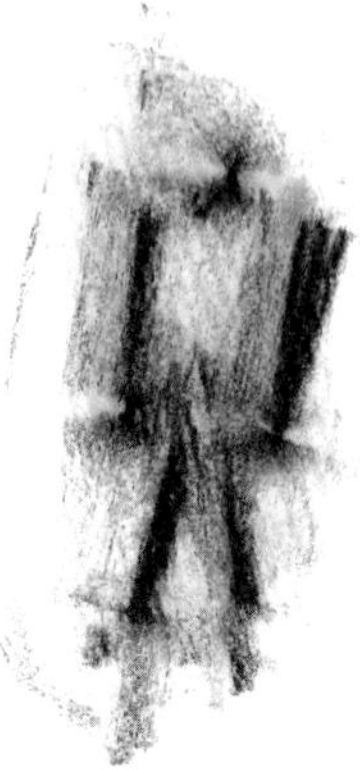

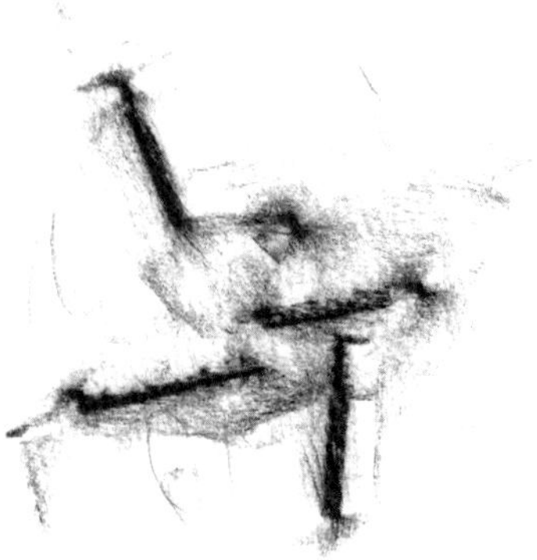

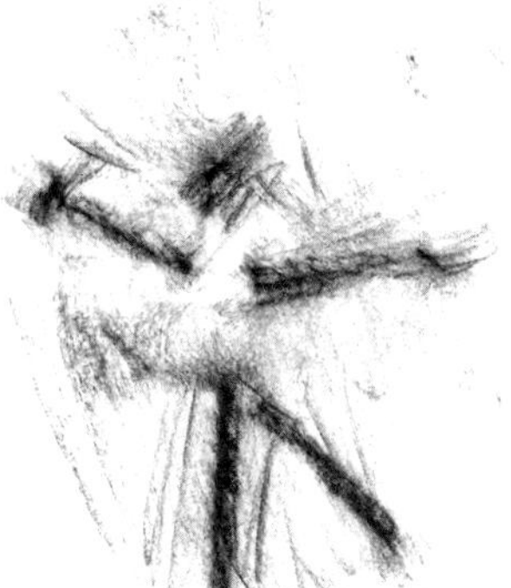

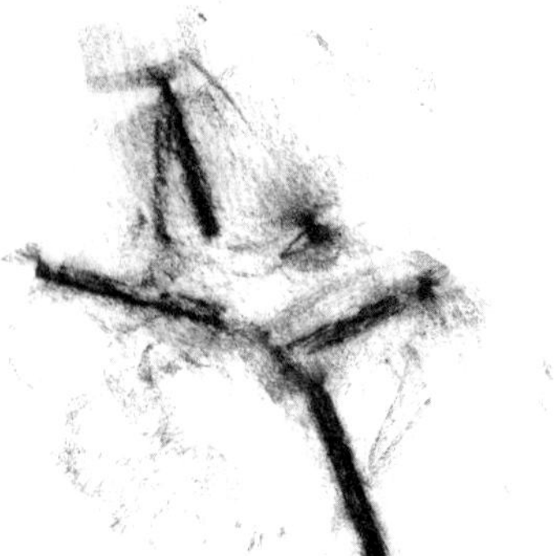

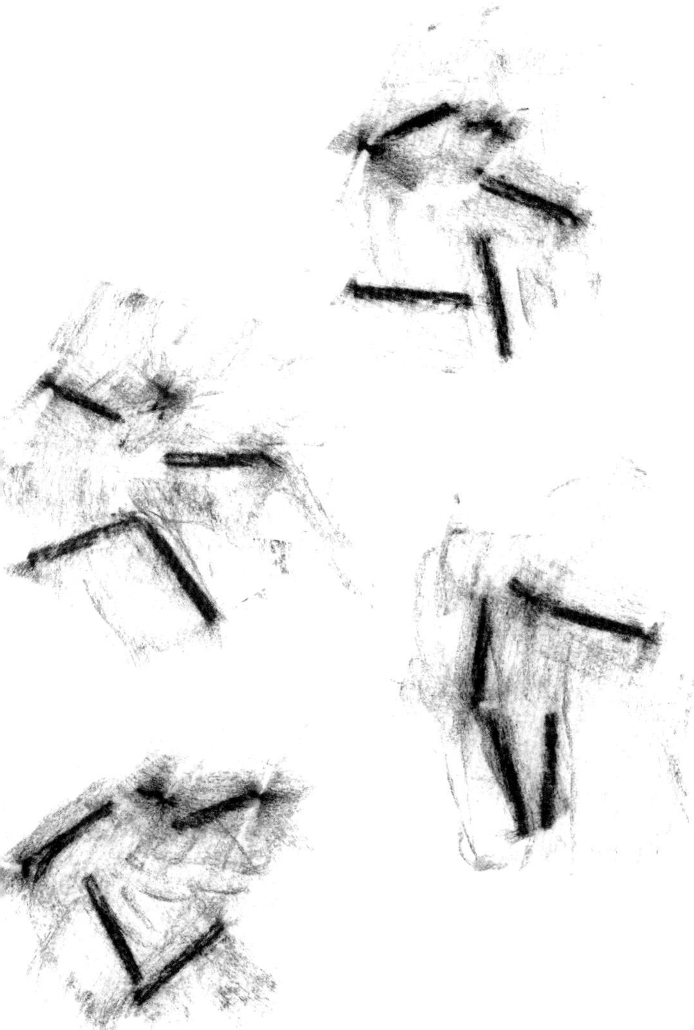

4

Kritzeln

Hin und her, kreuz und quer, bis sich Gestalten bilden. Das Belanglose, Absichtslose, Beiläufige und das Zufällige, durch Kritzelstriche herbeigeführt, ergeben das Grundlegende dieser Übung. Streichelnde Bewegungen, mit dem Stift übers Papier geführt, formulieren ganz nebenbei Figuren, die sich durch Bewegungen, Spuren und Gestaltansprüche langsam zu bilden beginnen. Lassen Sie den Stift, den Pinsel übers Papier gleiten, verändern Sie den Druck aufs Werkzeug und bewirken Sie das An- und Abschwellen der Formen, damit sich Arme, Körper, Beine und Köpfe langsam aus den Spuren schälen.

40 Minuten, A4

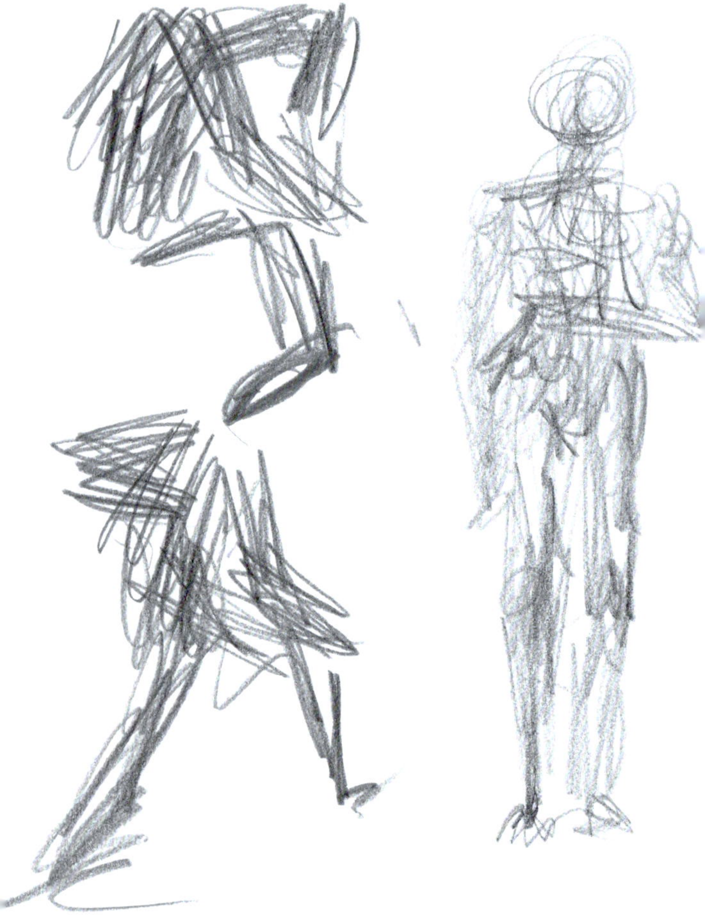

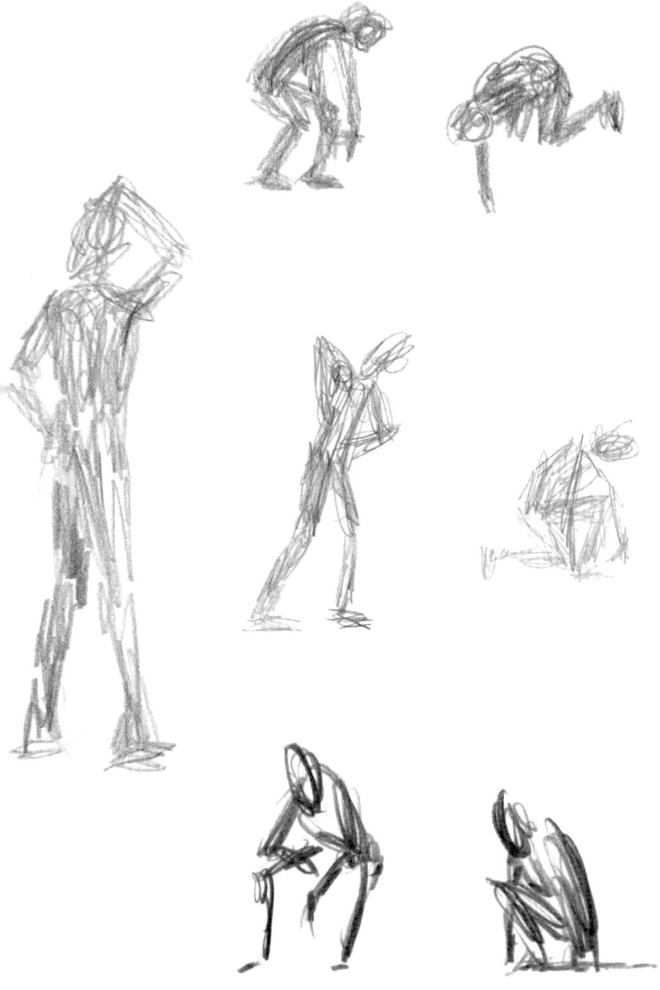

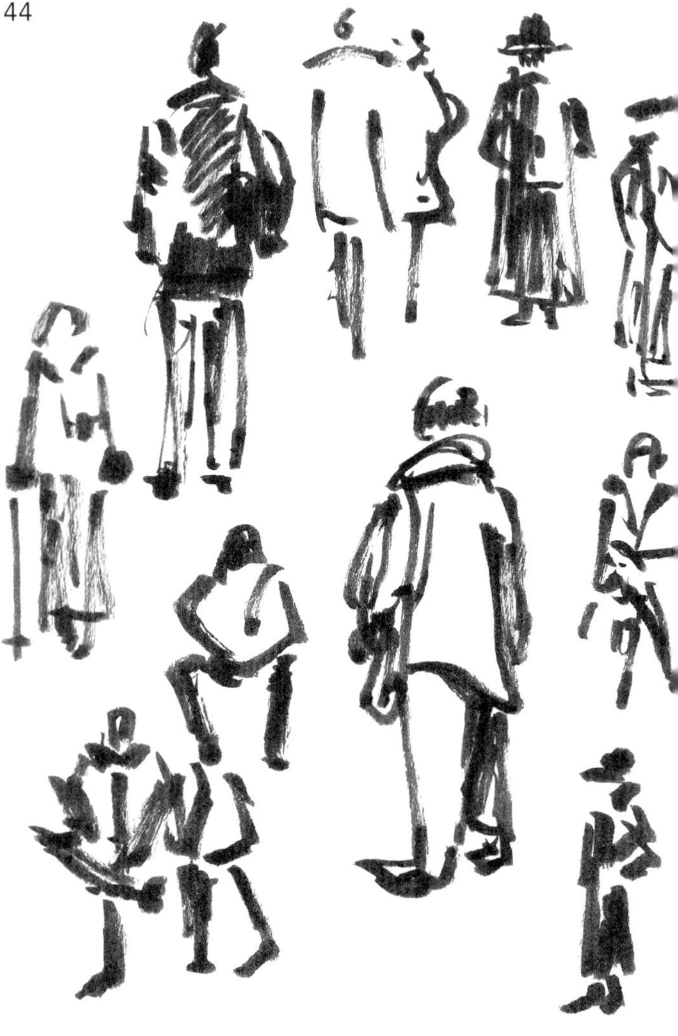

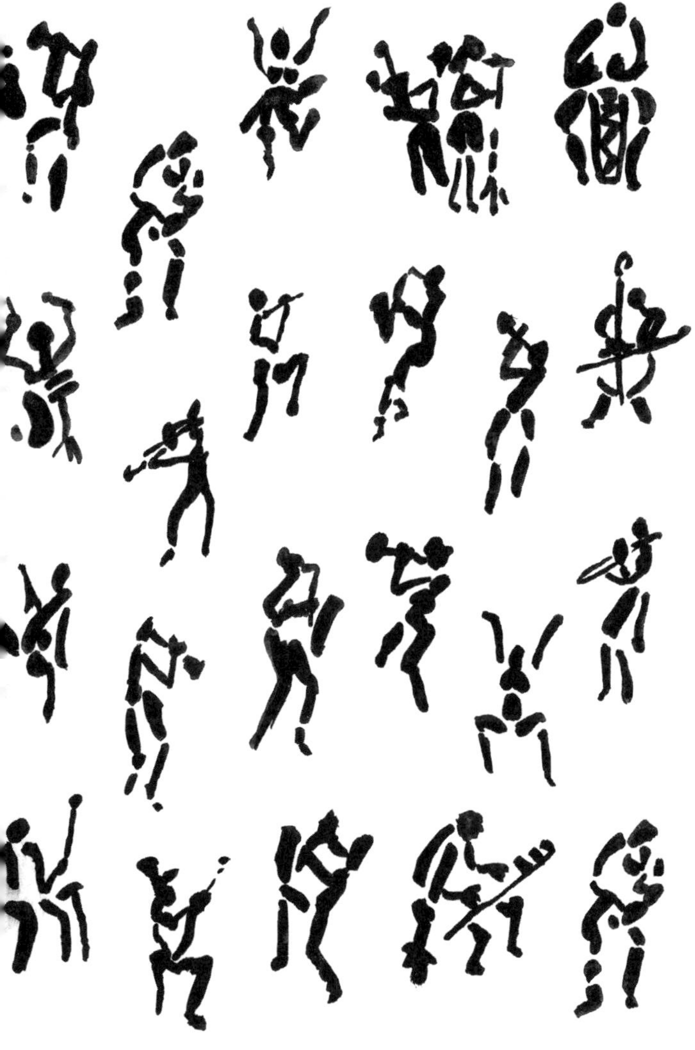

5

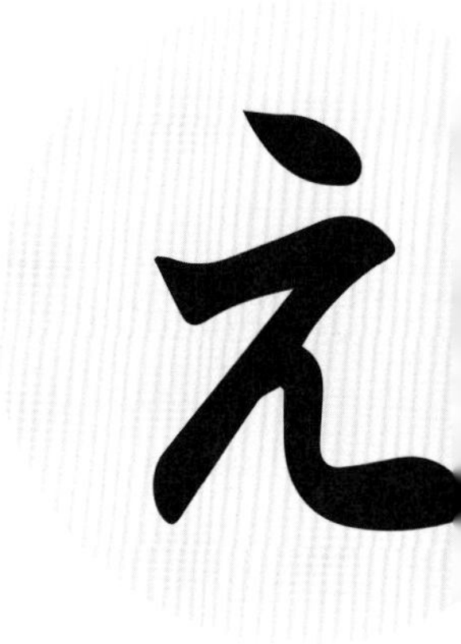

Schreiben

Figuren schreiben, entweder mit fliessenden, durchgehenden Linien (Handschrift) oder mit prägnanten, einfachen Pinselspuren. Bewegt im einen, prägnant im anderen Fall entwickeln sich figurative Gestalten, die zwischen diesen beiden Polen wirken. Versuchen Sie Handschrift und Zeichenhaftigkeit im Nebeneinander zu untersuchen.

50 Minuten, A4

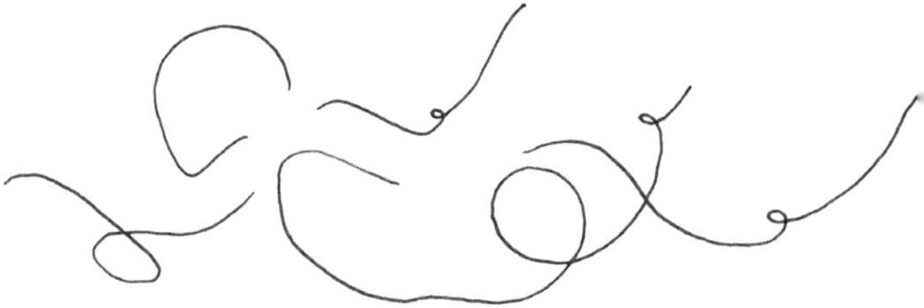

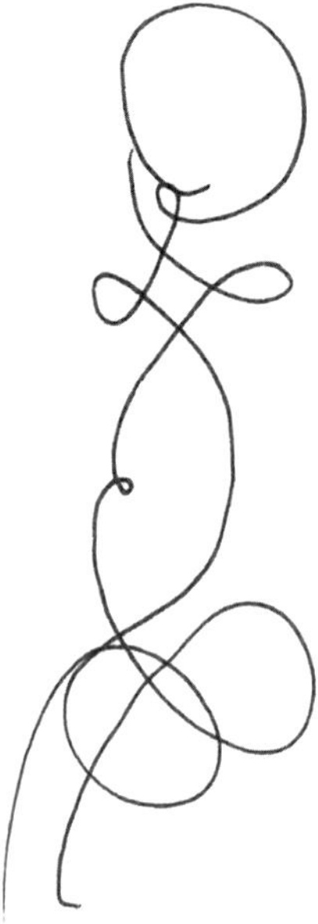

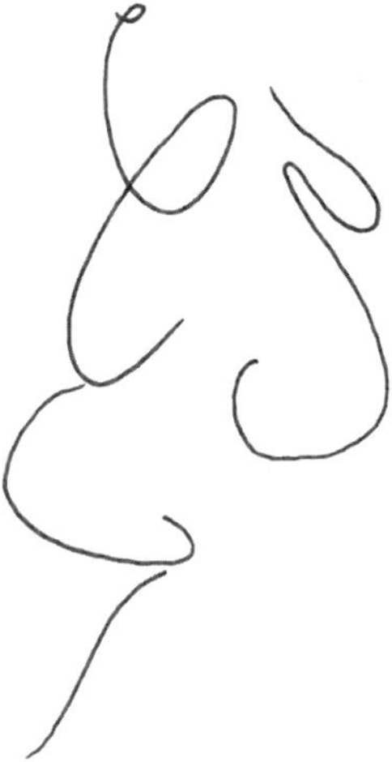

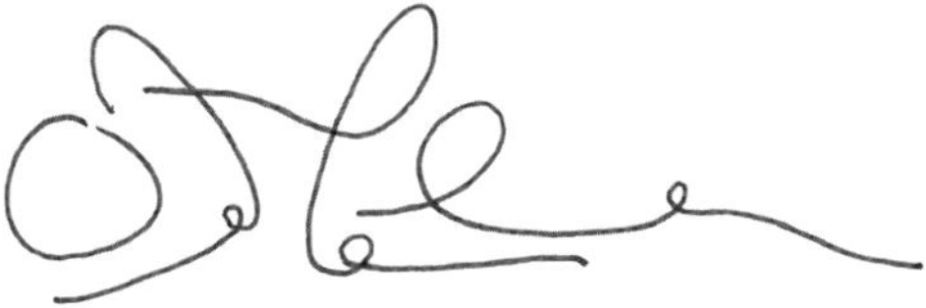

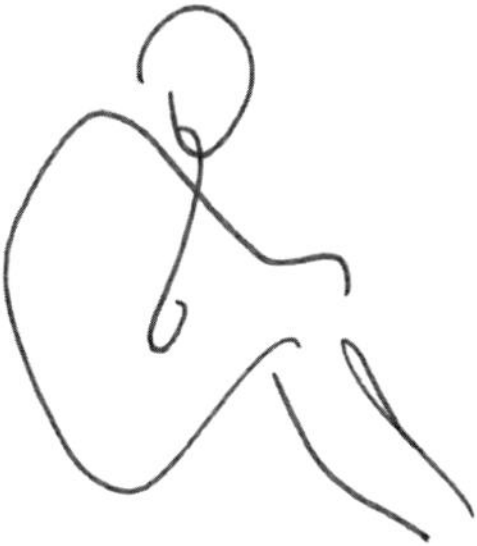

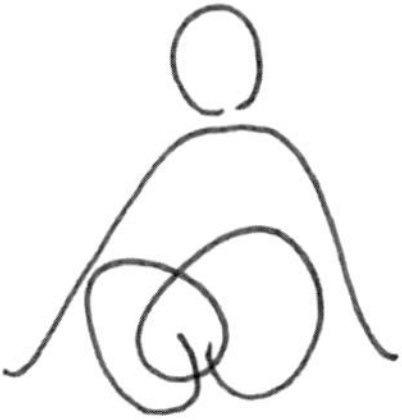

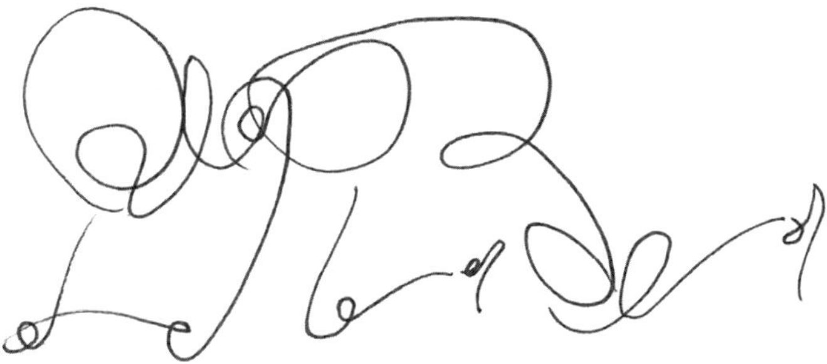

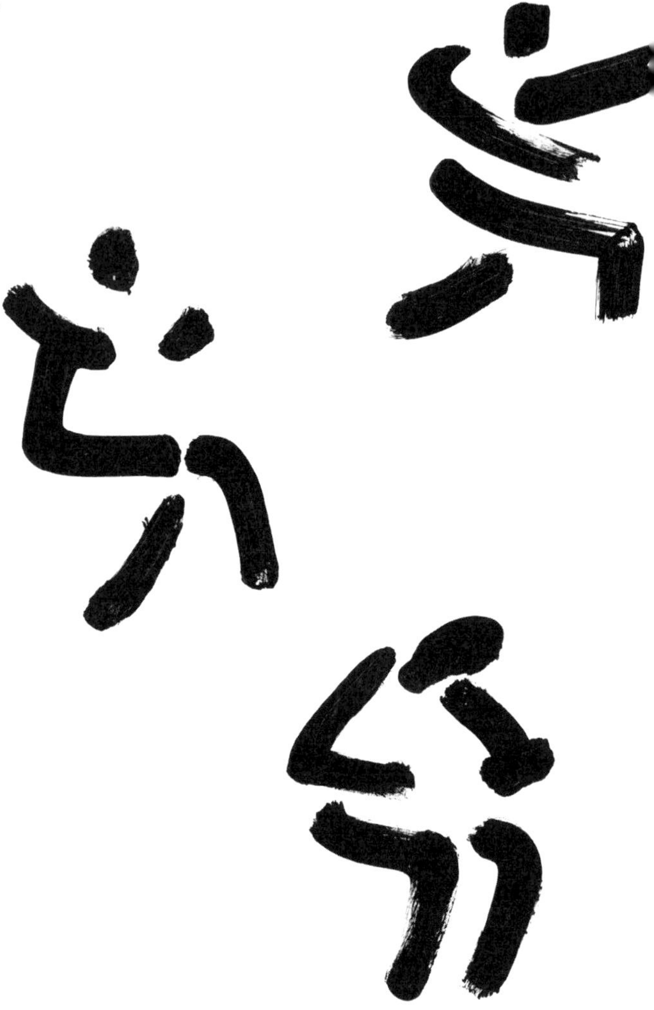

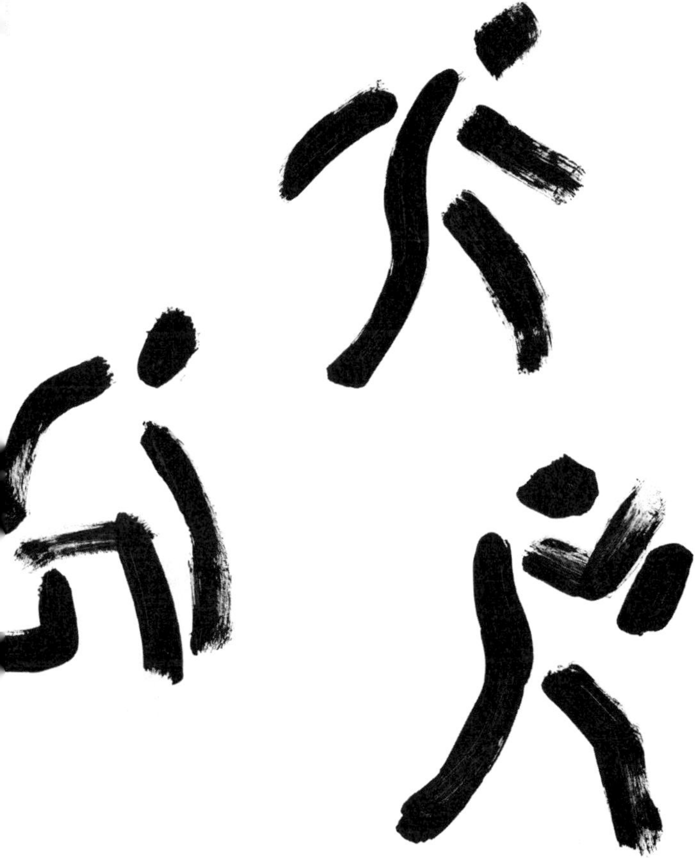

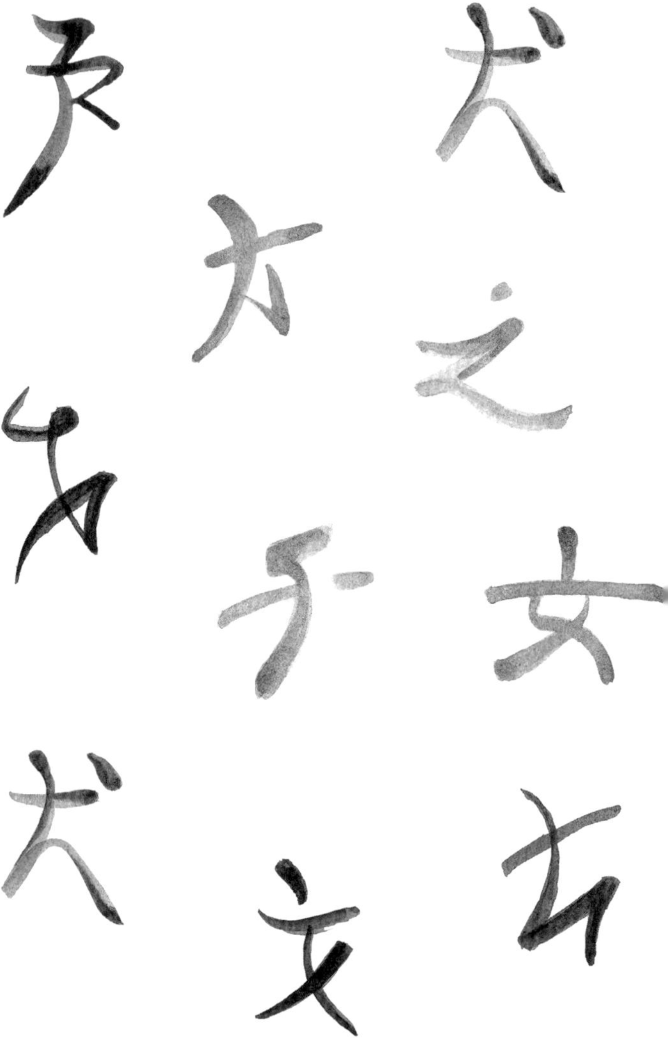

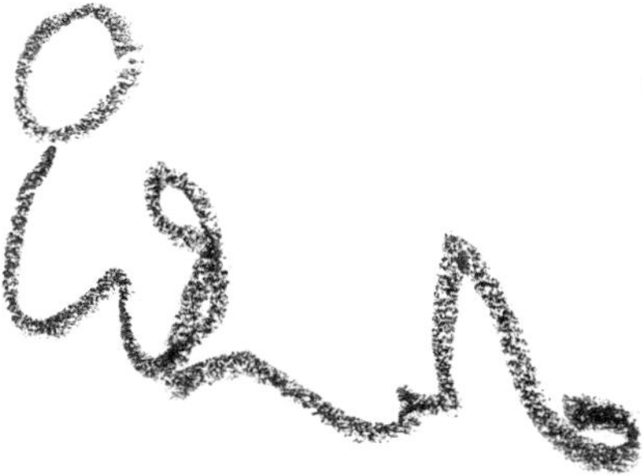

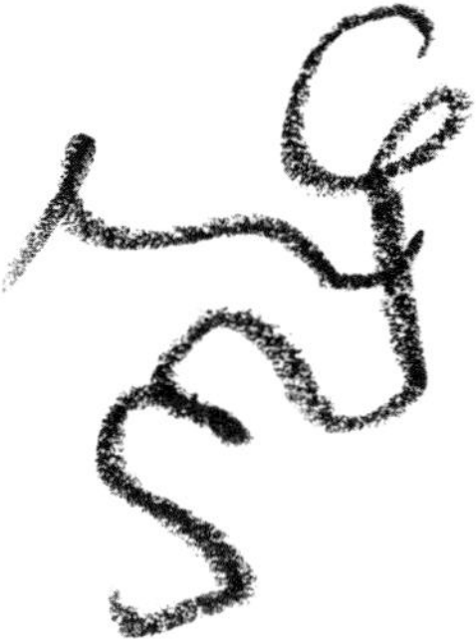

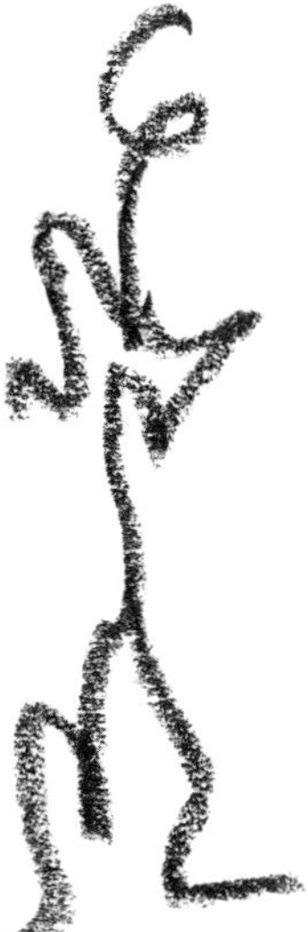

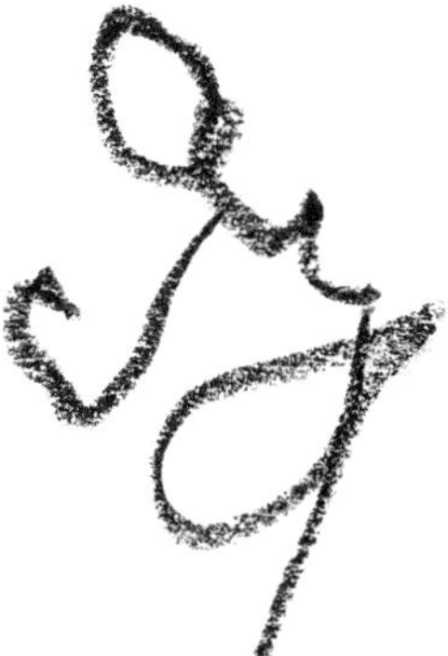

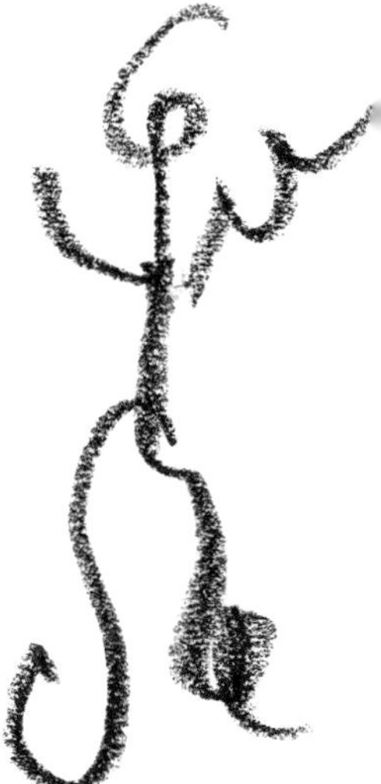

6

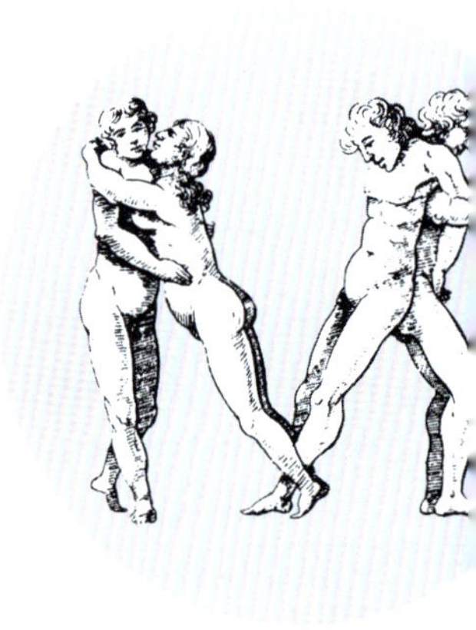

Einzeichnen

Unsere allgegenwärtige Leseschule vermittelt uns ein Formenalphabet, das sich nicht nur für schriftliche Informationen nutzen lässt. Figuren bilden mit dem Körper, sich hineinlegen, sich krümmen und biegen für Formen, die wir lesend verinnerlicht haben, kann ein Ziel sein. Buchstäblich – im wahrsten Sinne des Wortes – gestalten können, nach den Vorgaben eines Zeichenrepertoires, bietet eine allen zugängliche Hilfsmassnahme. Auf den Leib «schreiben», den Kopf, die Arme, die Beine und den Rumpf einpassen in Buchstabenformen, bis sich ein von Körperformen gezeichnetes Alphabet anbietet.

60 Minuten, A3

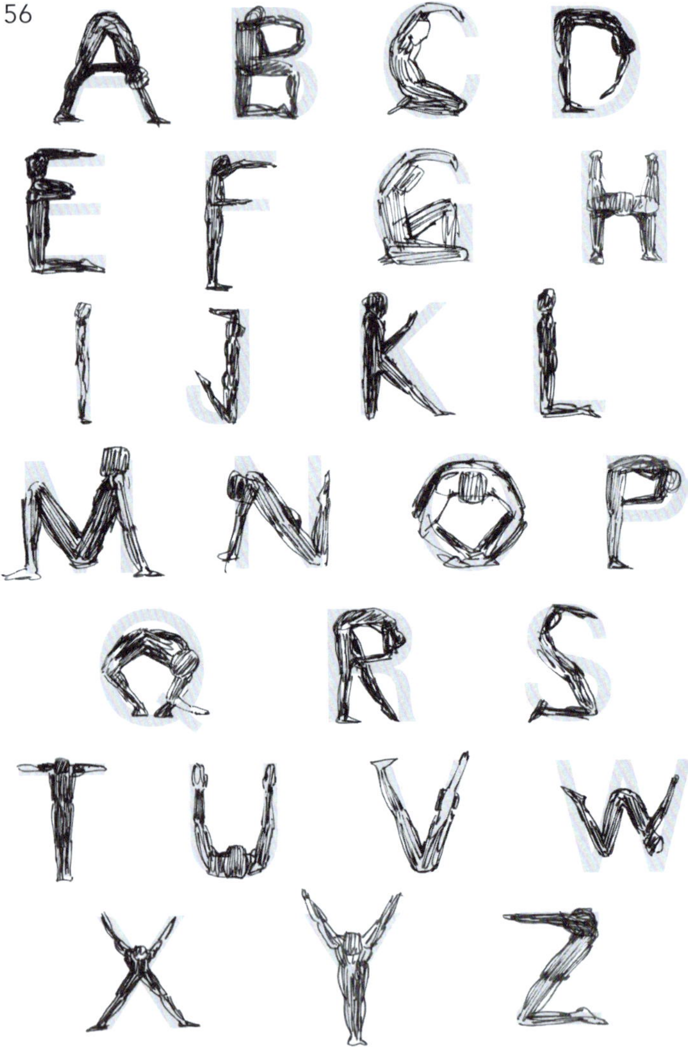

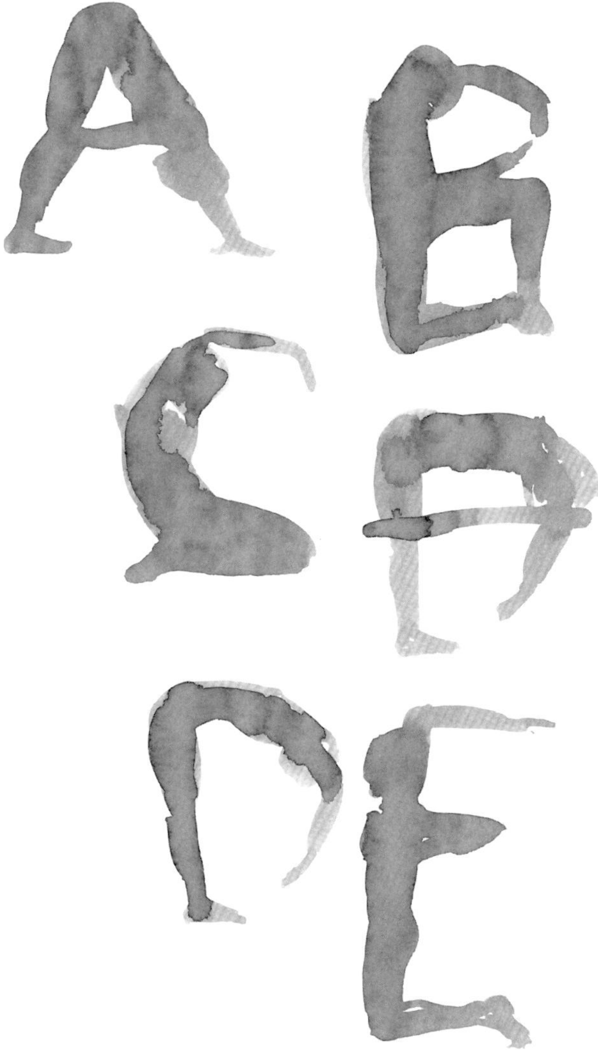

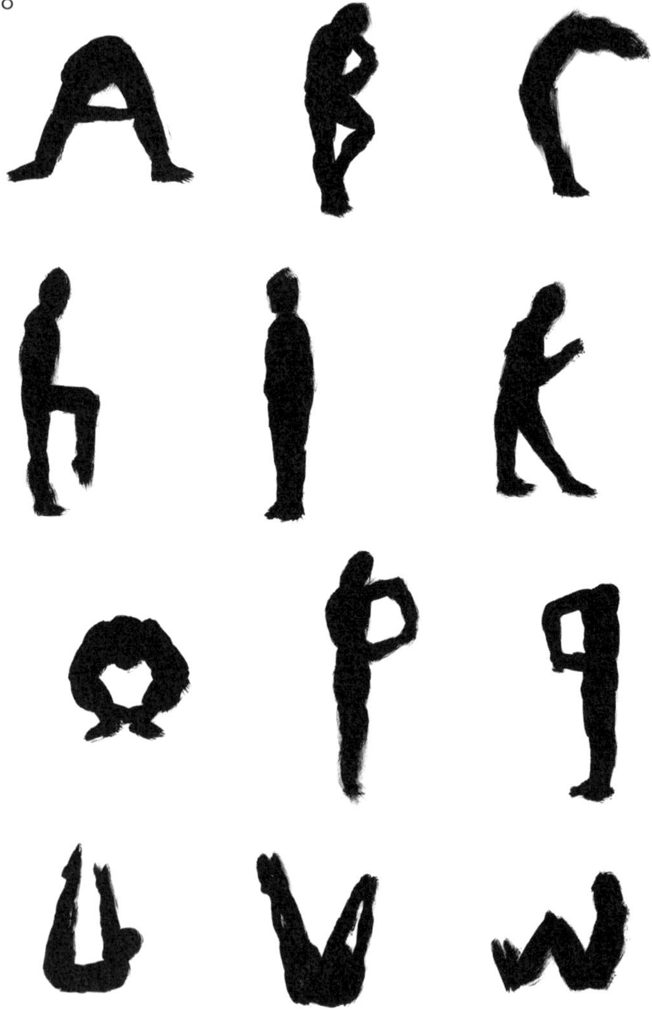

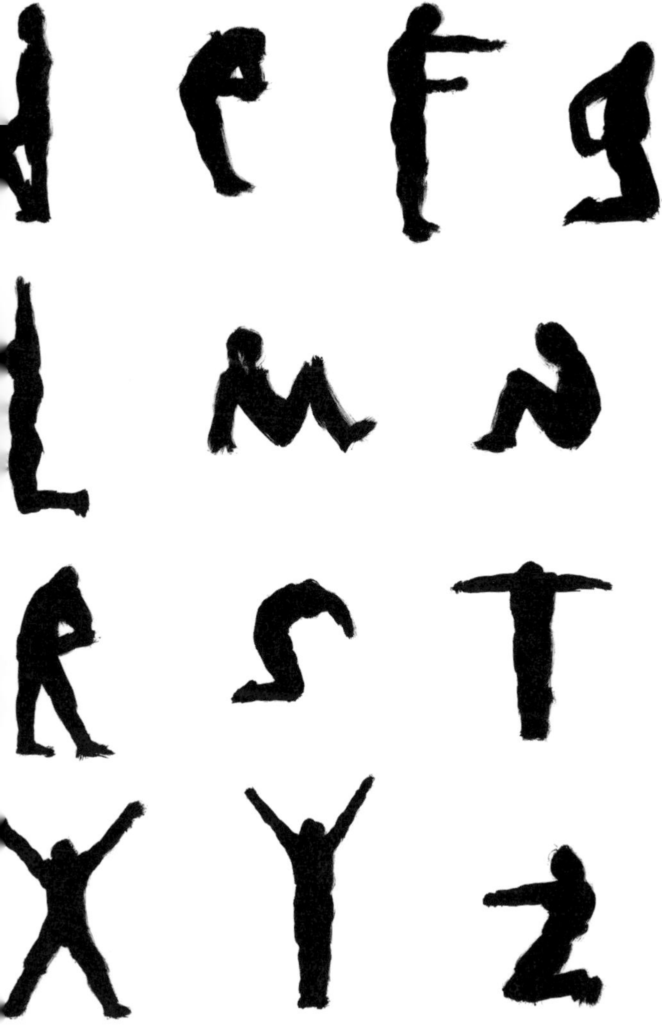

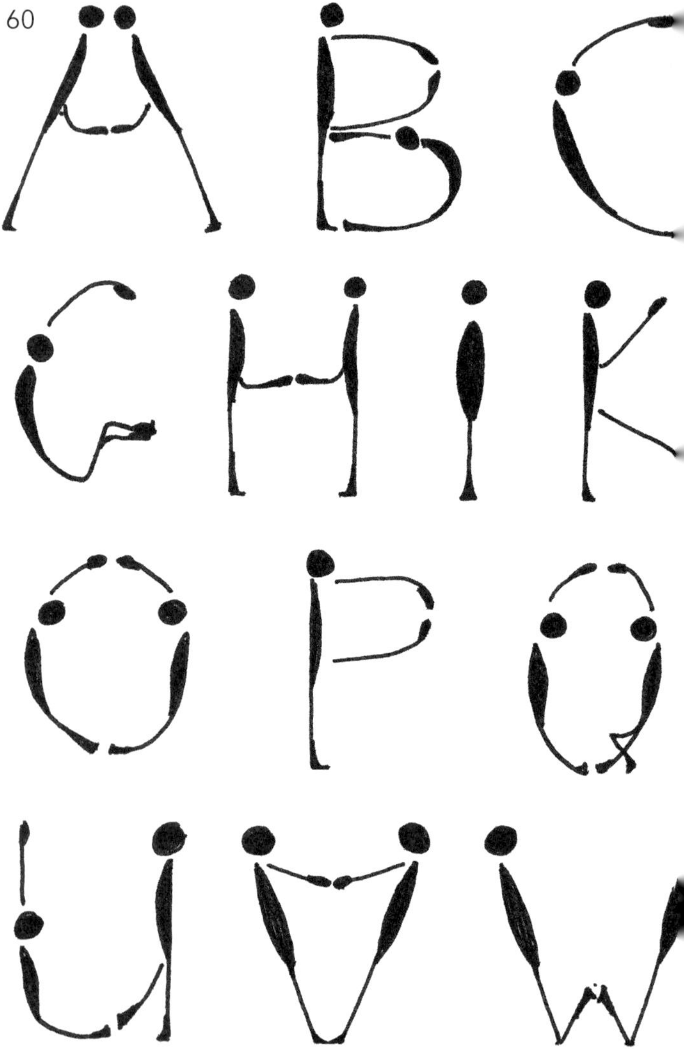

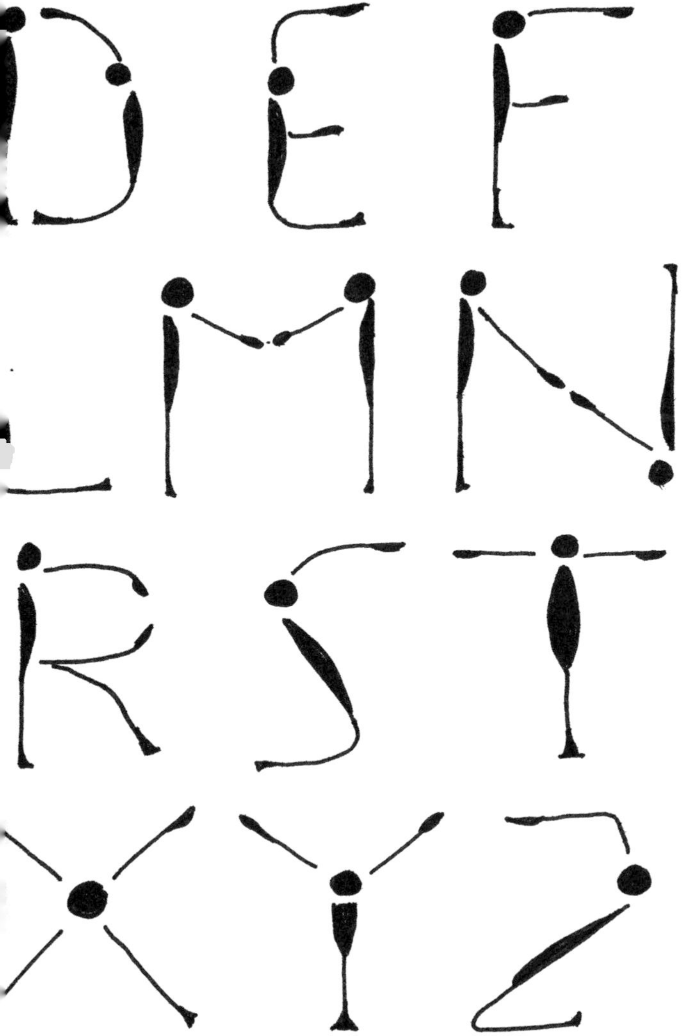
D E F
L M N
R S T
X Y Z

7

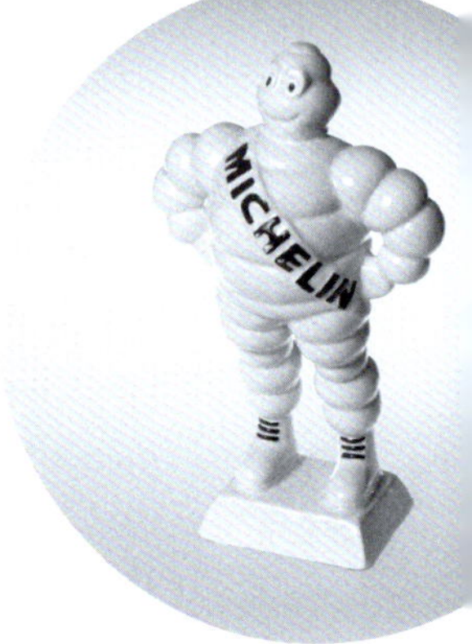

Formen

Folgen Sie zeichnend einer Spiralbewegung, mit der sich an- und abschwellende Volumen bilden lassen. Zeichnen Sie vorerst ohne Darstellungsabsichten, erst nach und nach werden Sie bestimmter. Während die spiralförmig angelegte Linie mehr eine rundförmige Membrane definiert, kann die Form auch anders aufgebaut werden. Ballungen in unterschiedlicher Dichte und Materialität verleihen den Formen unterschiedliche Lasten. Die Figuren erhalten damit verschiedene Gewichte, die Augen verhalten sich abwägend.

60 Minuten, A3

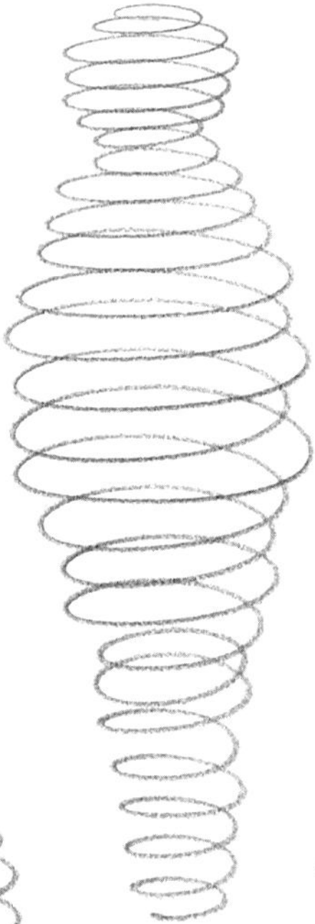

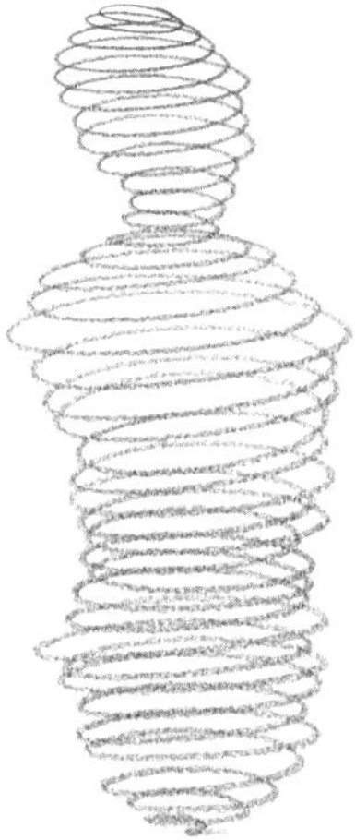

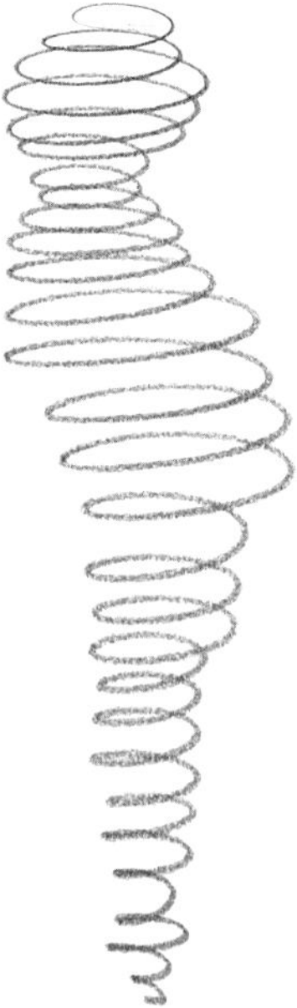

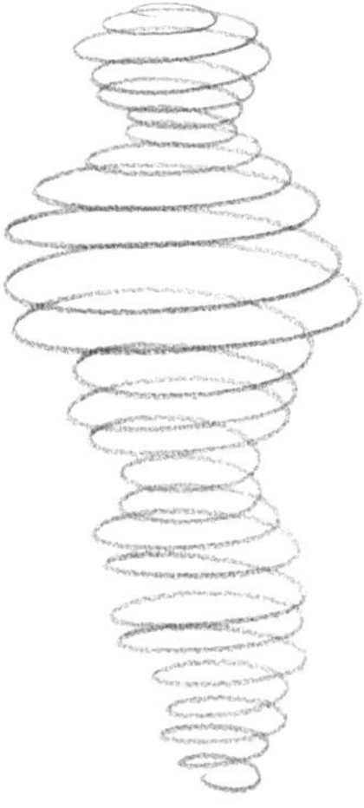

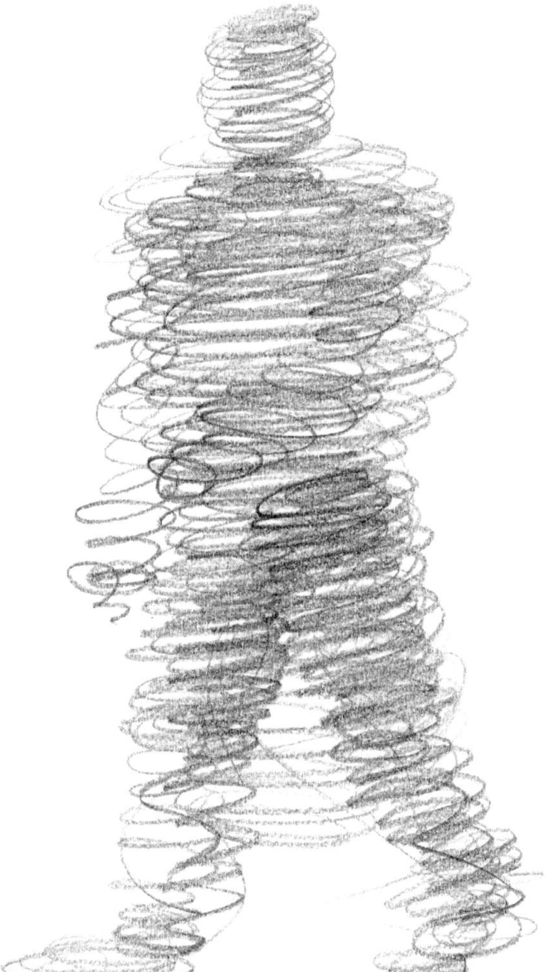

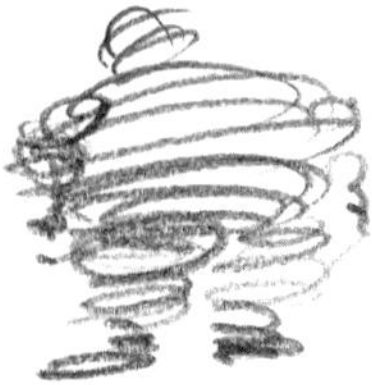

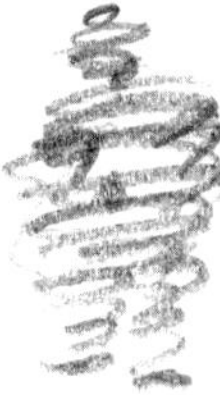

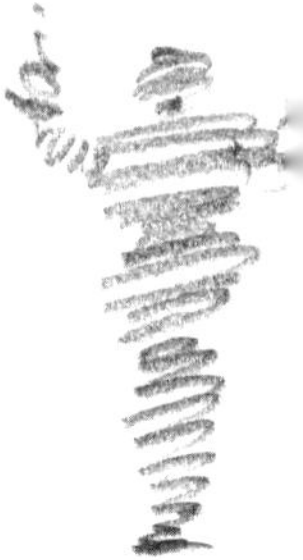

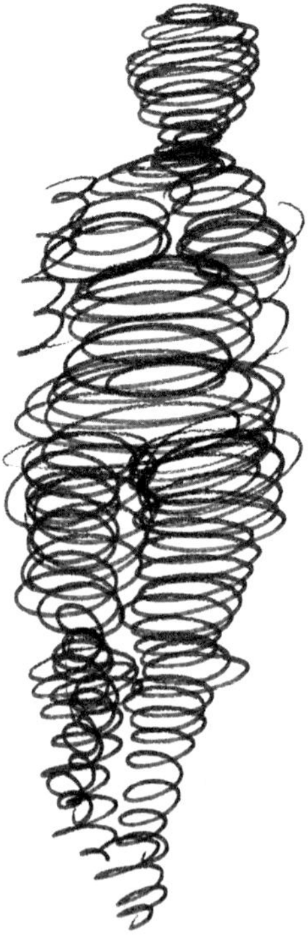

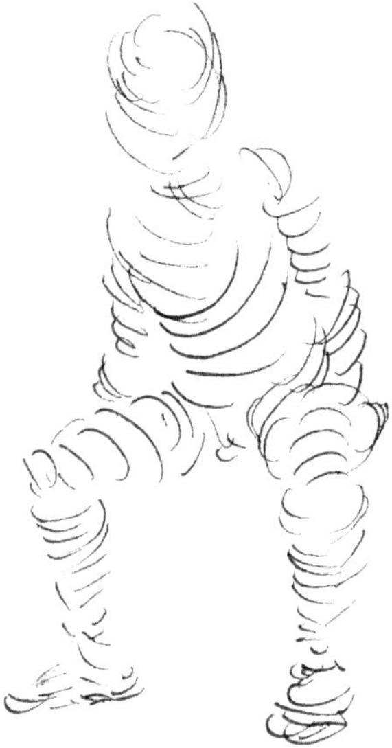

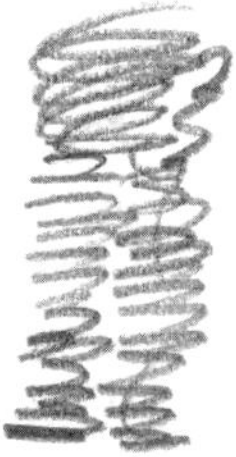
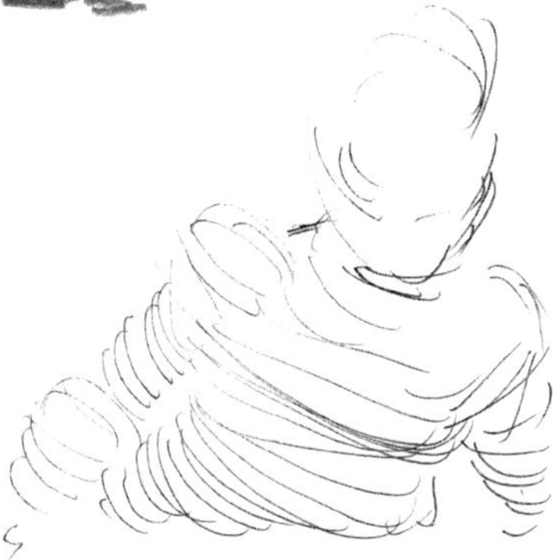
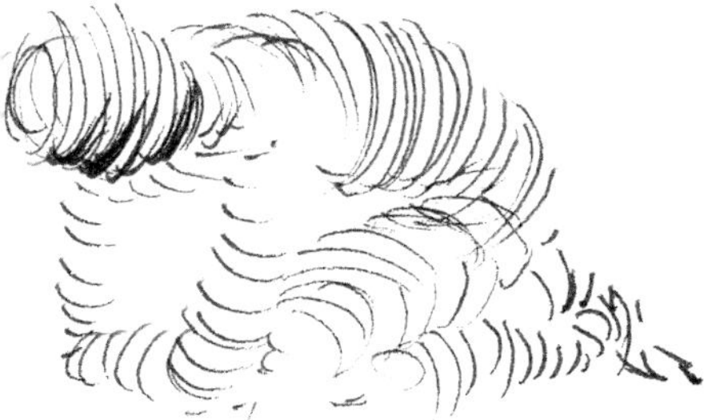
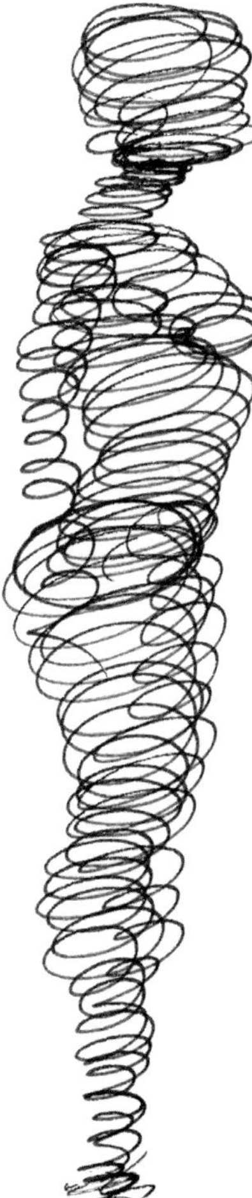

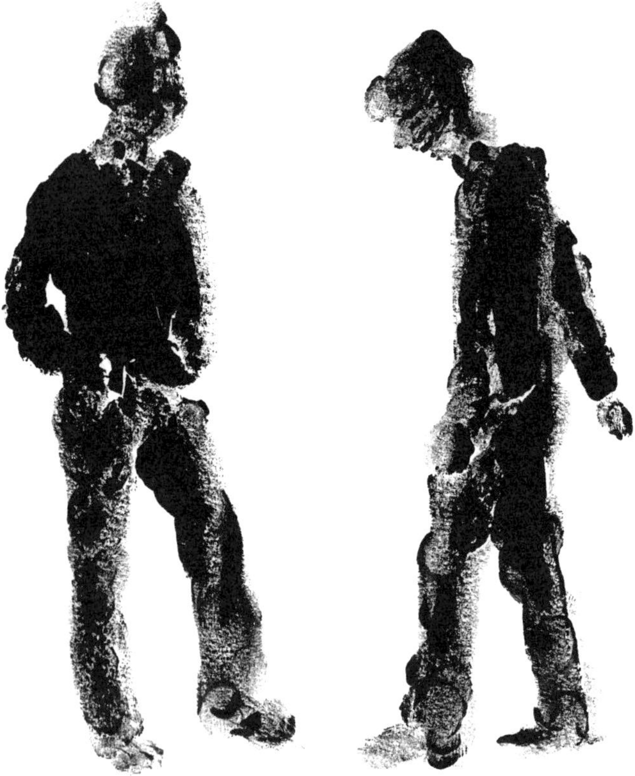

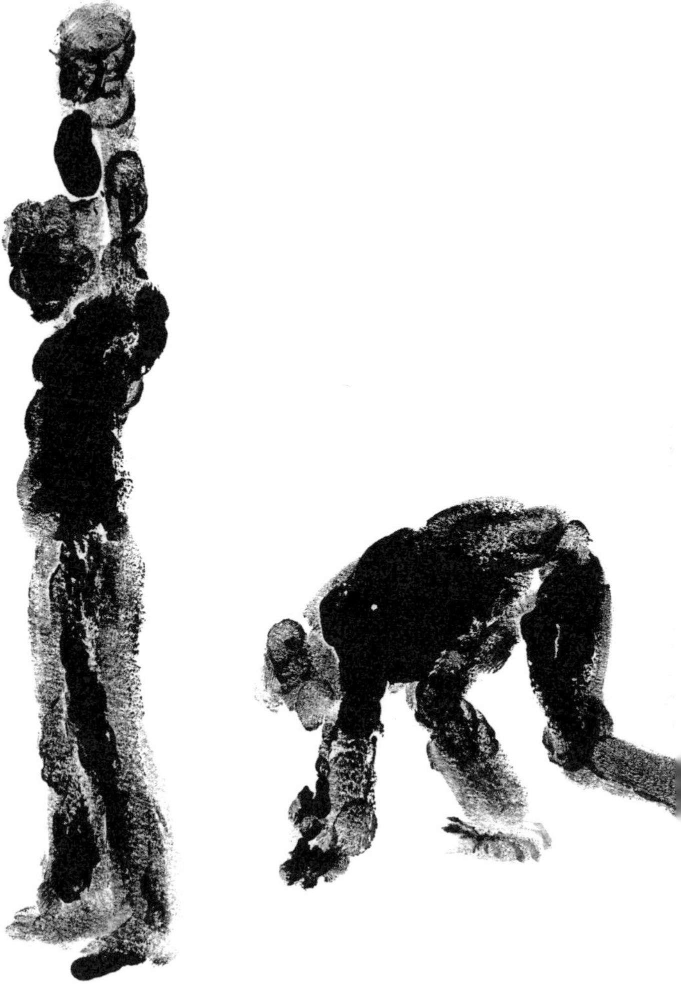

8

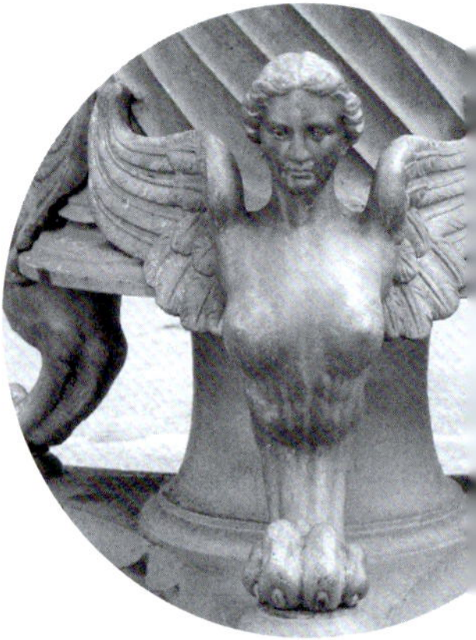

Überraschen

Kopf-, Bauch- und Beinpartie sehen wir als zusammengehörig. Wird diese Zusammengehörigkeit gestört, verschiebt sich die Erscheinung bis zur Karikatur. Für das folgende Spiel braucht es zwei Personen. Ein Blatt wird durch zweimaliges Falten in drei Felder unterteilt. Die erste Person zeichnet die Kopf-, die zweite die Bauch- und die erste wiederum die Beinpartie. Die Überraschung beim Entfalten ist der eigentliche Sinn der Übung. Überraschende Kombinationen können Anregungen bieten, die sich für eine Weiterbearbeitung eignen.

30 Minuten, A4

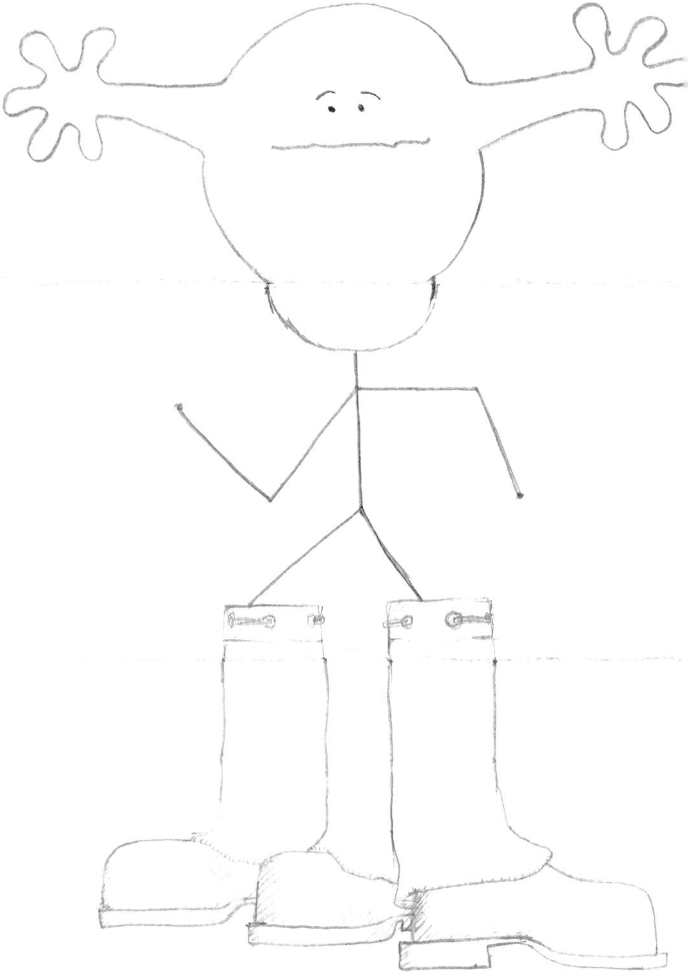

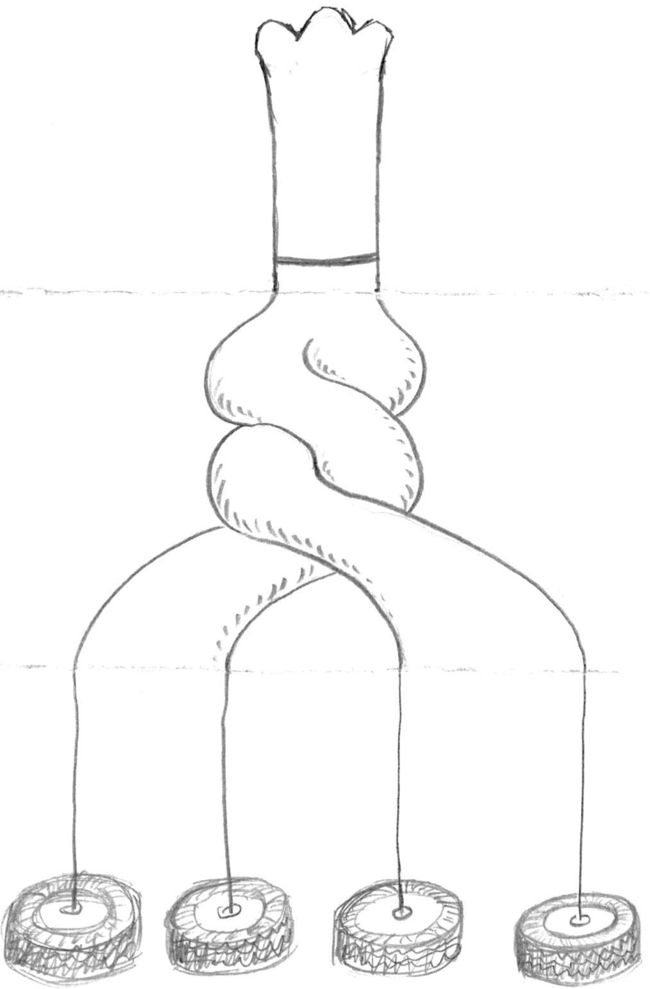

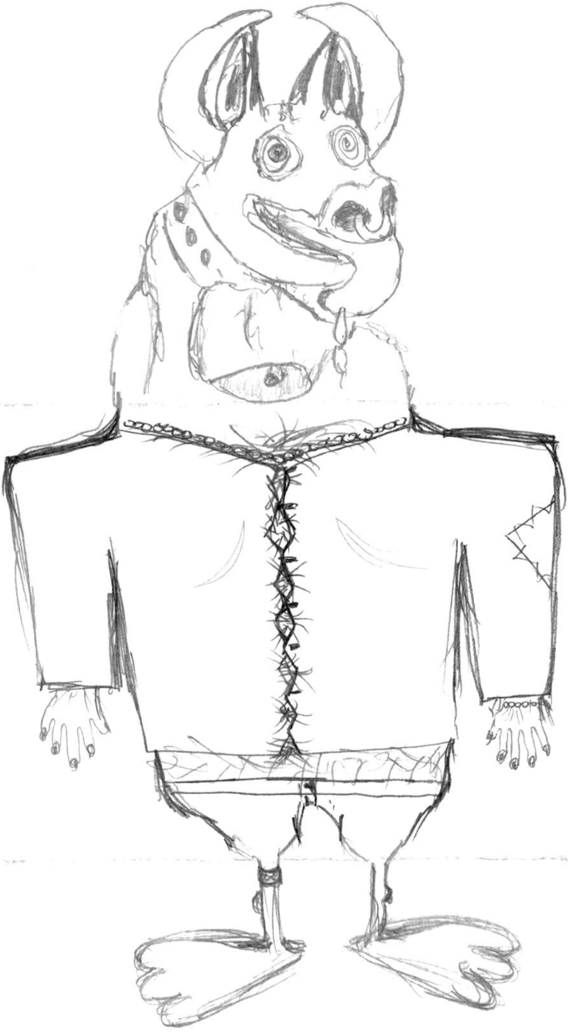

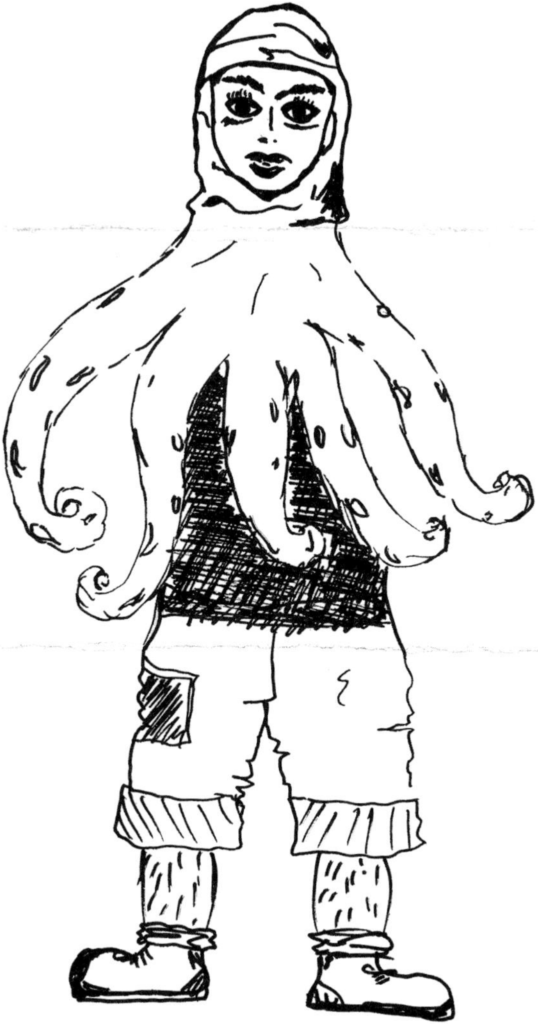

9

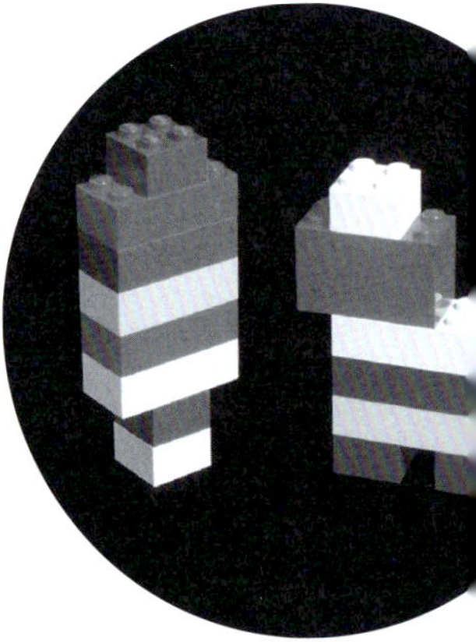

Variieren

Das Wertvolle eines Baukastens besteht darin, mit möglichst wenig Elementen eine möglichst grosse Fülle von Gestaltvariationen kreieren zu können. Bauklötze und Tangram sind gelungene Beispiele dafür. Mit 13 verschiedenen Formen verfügen wir über ein Formenrepertoire, das es uns erlaubt, verschiedenste Bewegungsgestalten zusammenzusetzen. Die Formen lassen sich leicht auf festes Papier übertragen und ausschneiden, um sich als Zusammensetzspiel anzubieten. Anstatt die ausgeschnittenen Teile zusammenzubauen, zeichnen oder malen Sie die Elemente direkt aufs Papier.

60 Minuten, A3

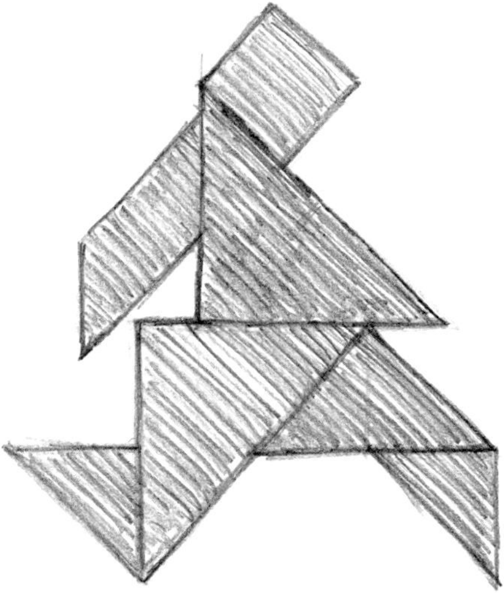

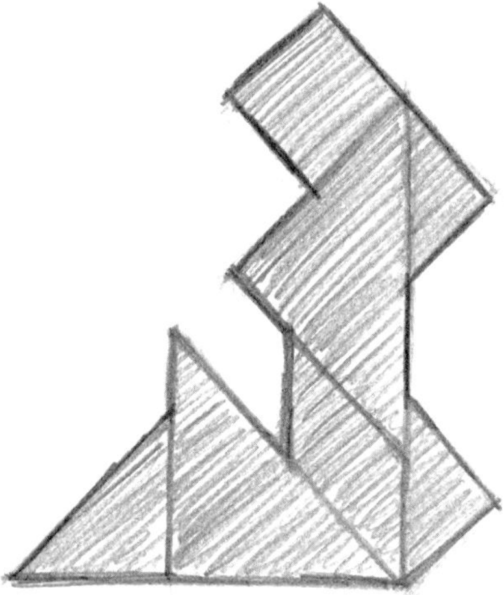

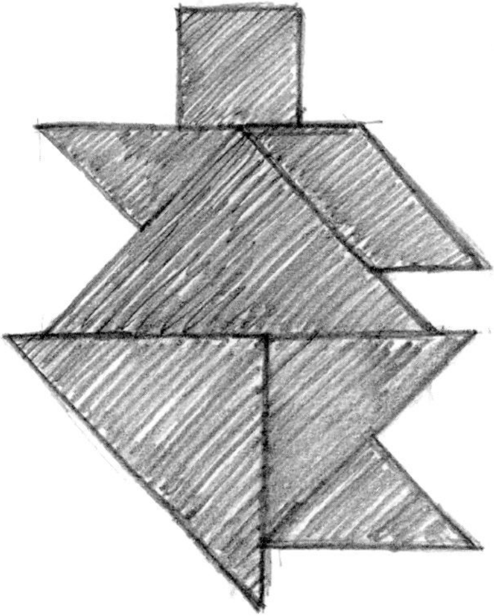

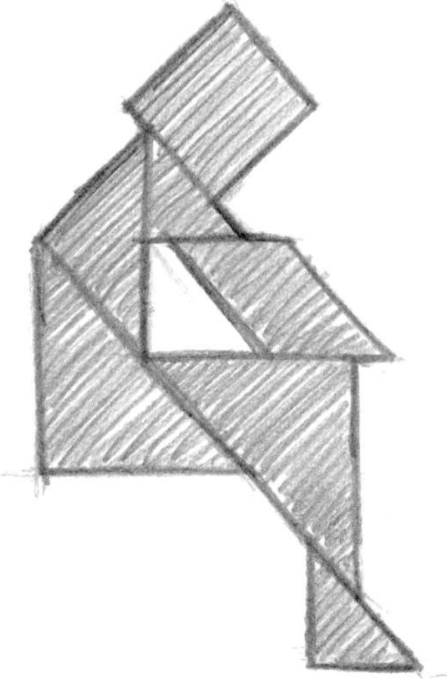

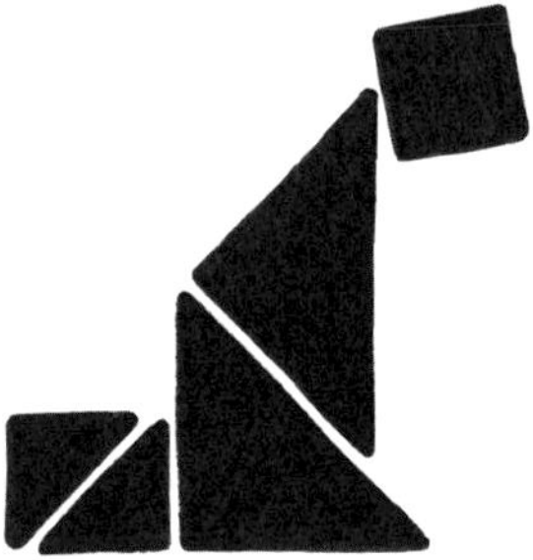

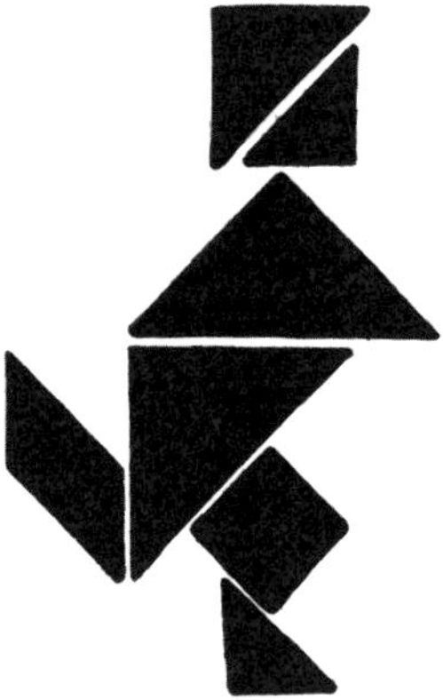

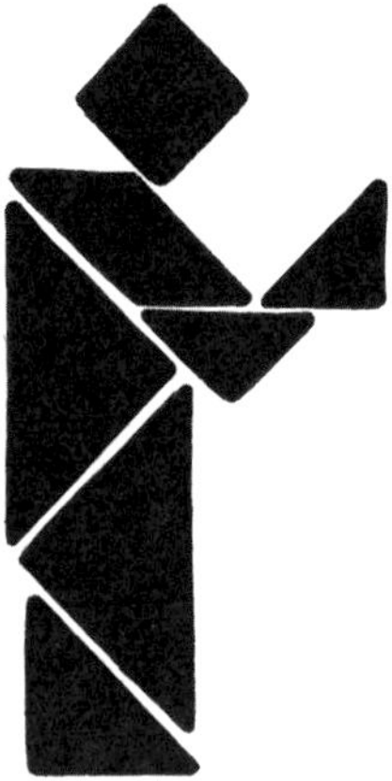

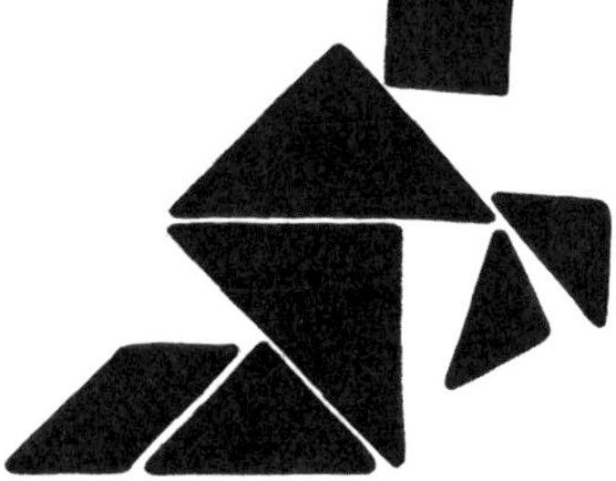

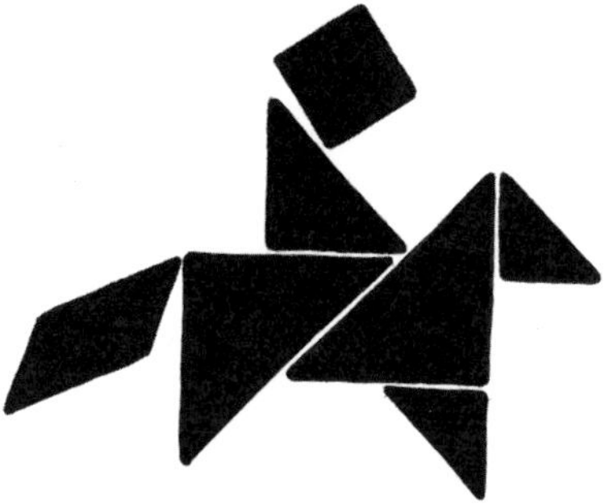

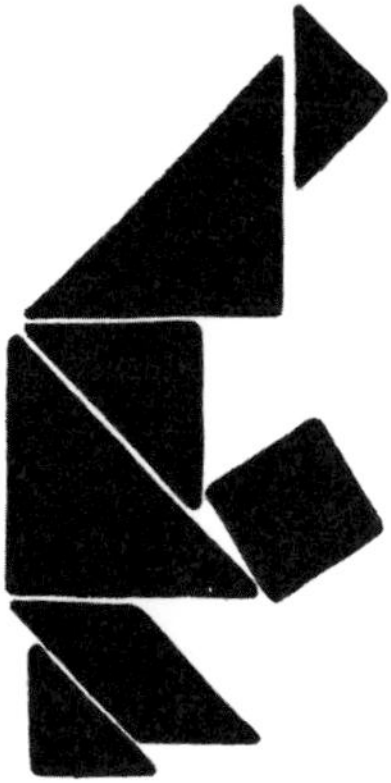

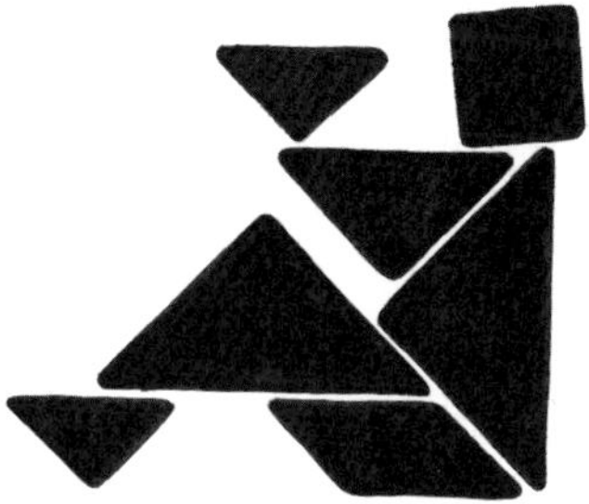

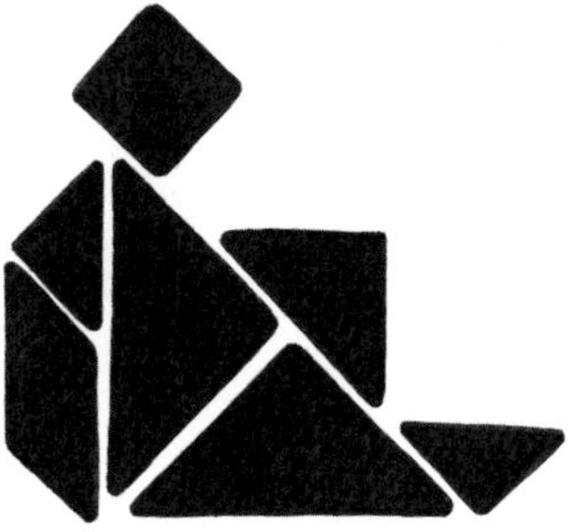

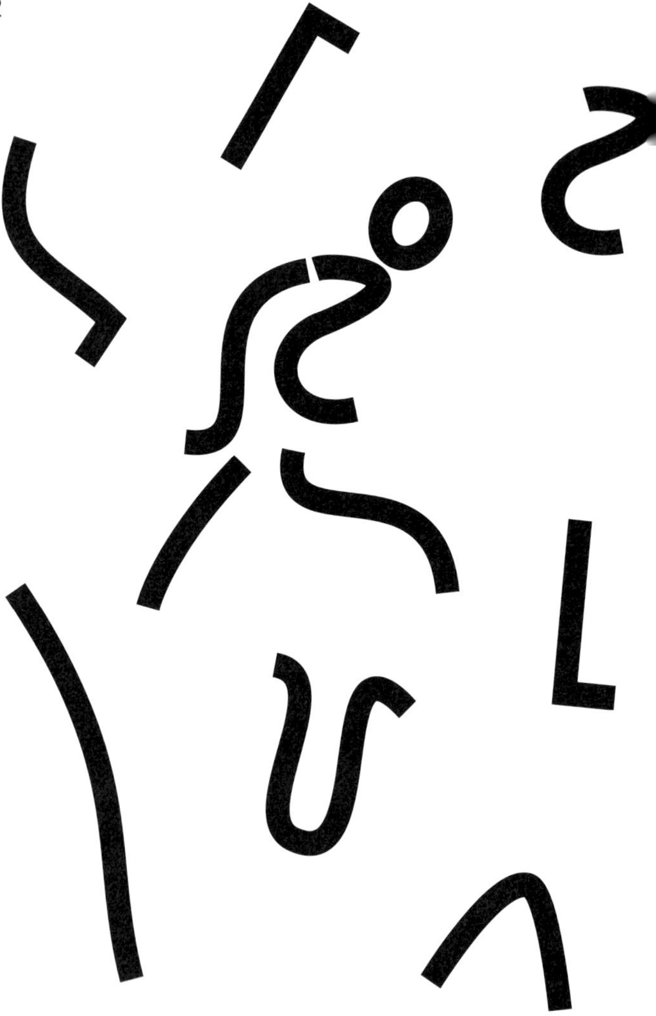

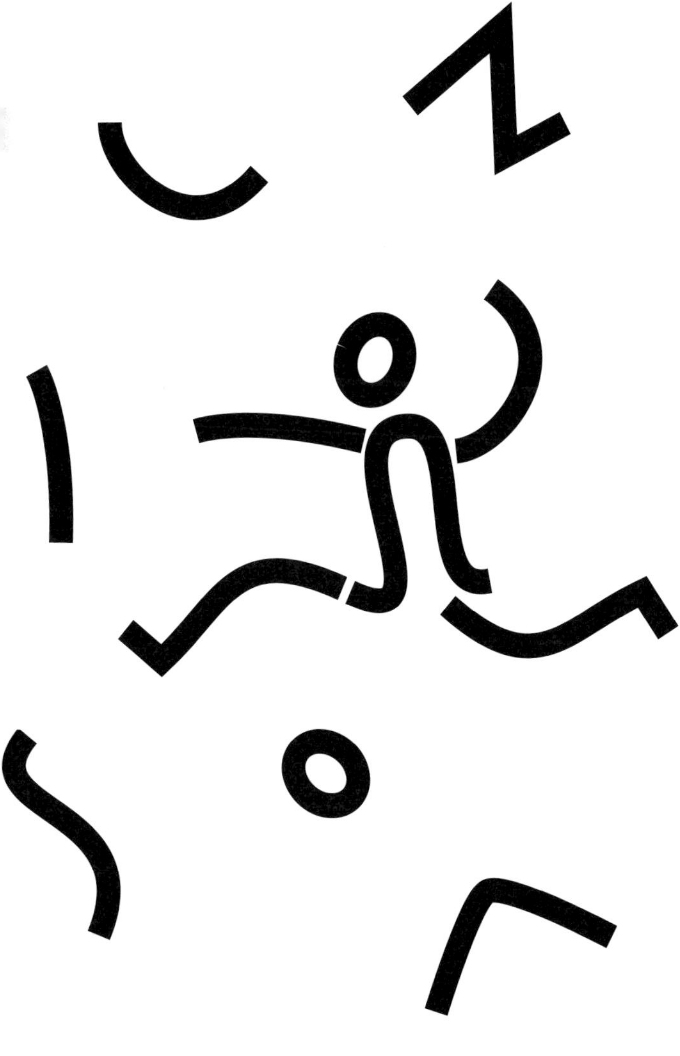

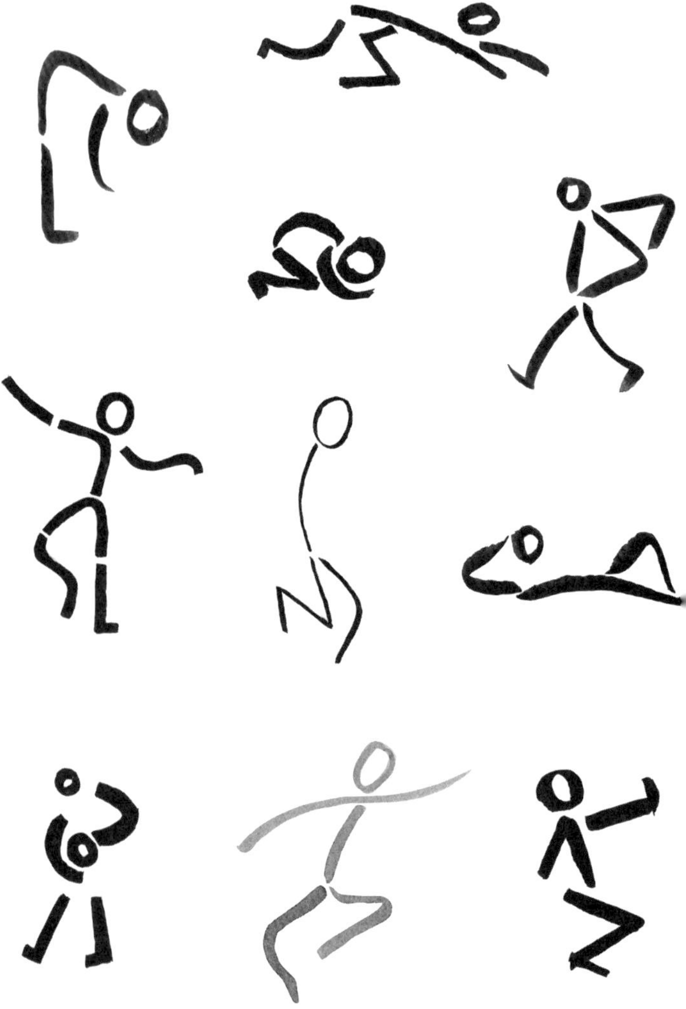

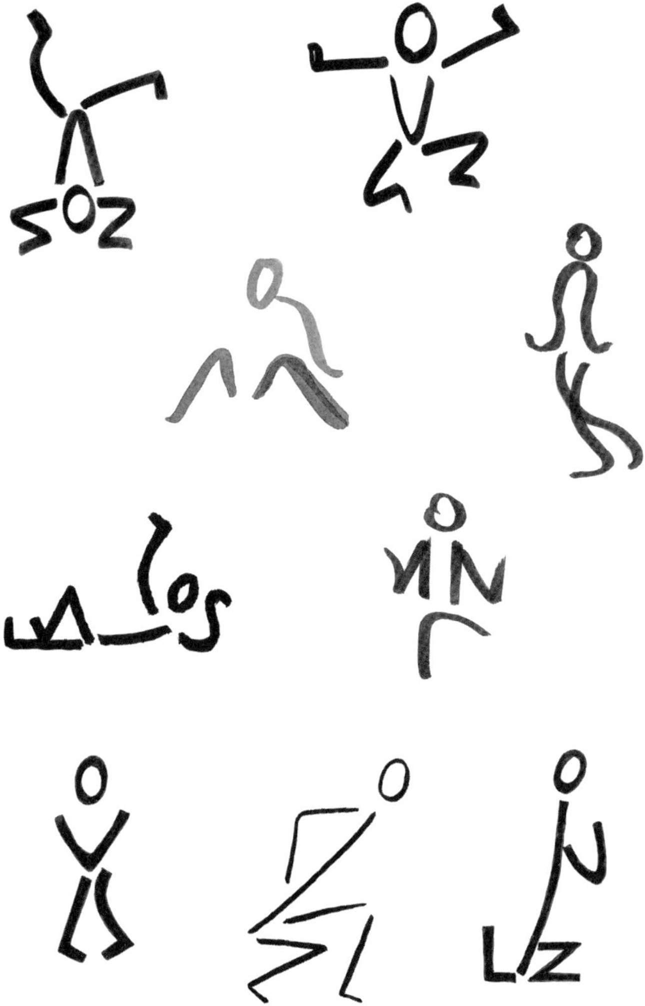

10

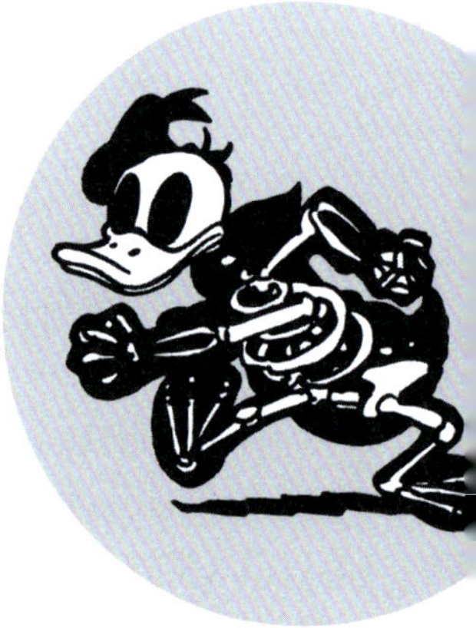

Skelettieren

In Zeitschriften und Katalogen bieten sich unzählige Möglichkeiten an, um anatomische Studien zu betreiben. Versuchen Sie den Blick bis zum Knochenbau hineinzuversenken. Suchen Sie nach den innersten Linien und zeichnen Sie die Linien dort ein, wo Sie glauben, dass sie hingehören. Figuren auf Transparentpapier gezeichnet, einmal vom fotografierten Umfeld befreit, verselbstständigen sich und bieten Möglichkeiten zu massstäblichen Veränderungen oder Anpassungen für Ihre eigenen Vorstellungen.

60 Minuten, A3

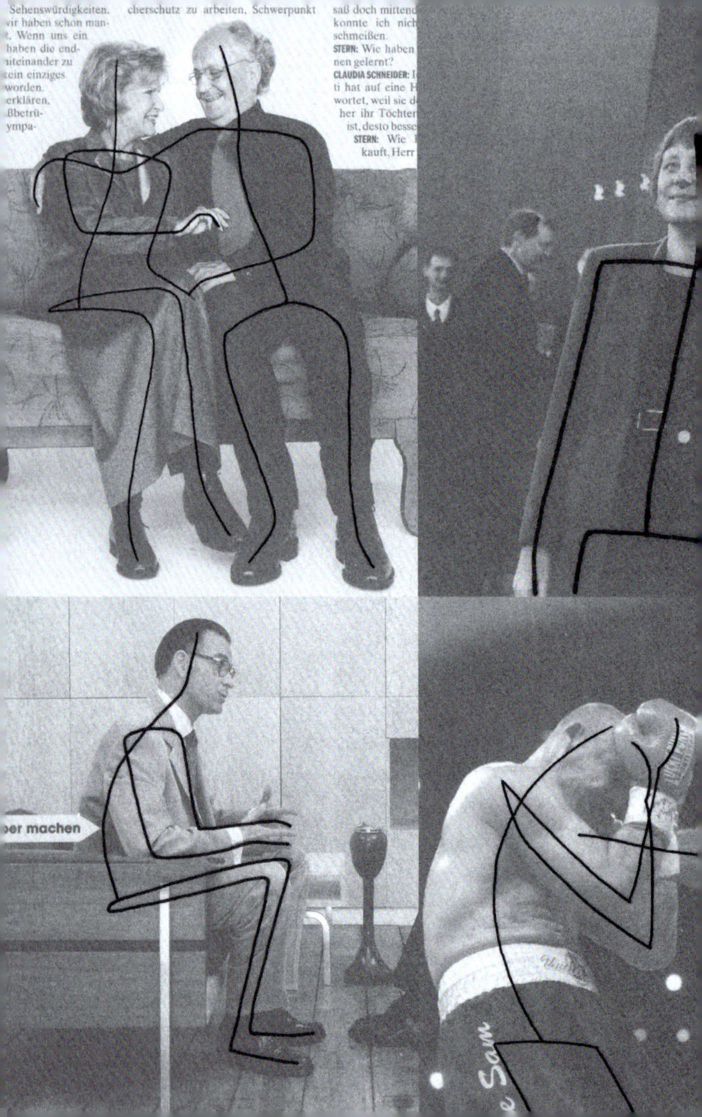
Sehenswürdigkeiten.
vir haben schon man-
t. Wenn uns ein
haben die end-
niteinander zu
kein einziges
worden.
erklären,
ßbetrü-
ympa-
cherschutz zu arbeiten, Schwerpunkt
saß doch mittend
konnte ich nich
schmeißen.
STERN: Wie haben
nen gelernt?
CLAUDIA SCHNEIDER: I
ti hat auf eine H
wortet, weil sie d
her ihr Töchter
ist, desto besse
STERN: Wie
kauft, Herr
ber machen
Sam

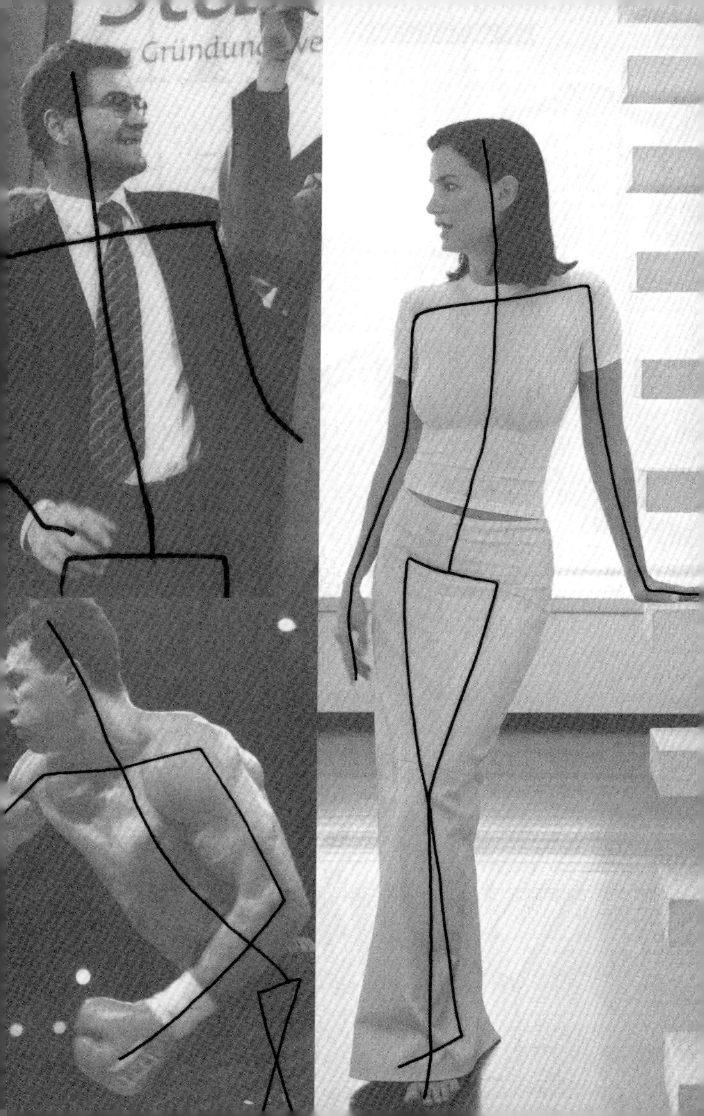

11

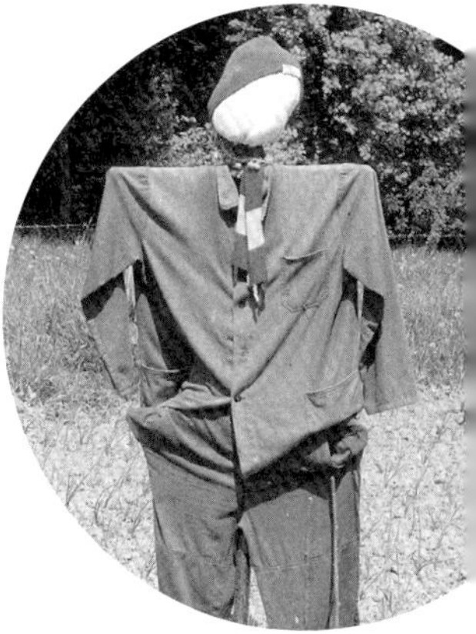

Aufbauen

Die linearen Modelle aus der zehnten Übung bauen Sie wieder auf, indem Sie die innerste Linie durch die äusserste ergänzen. Das vorher verwendete Fotomaterial ziehen Sie, wenn überhaupt, erst nach dem Zeichnen wieder bei. Der Aufbau kann auch andeutungsweise vorgenommen werden, sei es mit einem weichen Stift oder mit der mit Grafit bestaubten Fingerspitze.

40 Minuten, A3

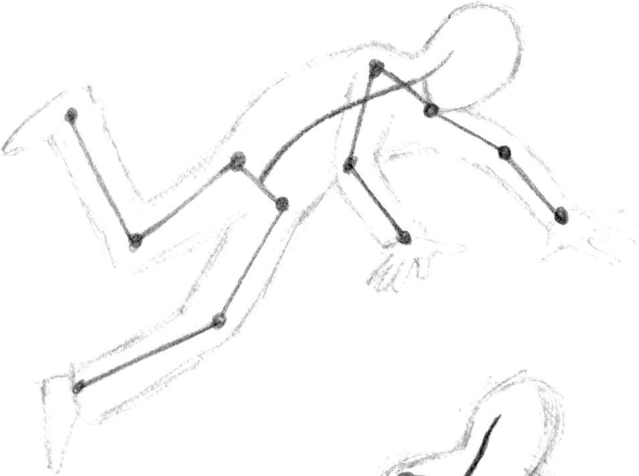

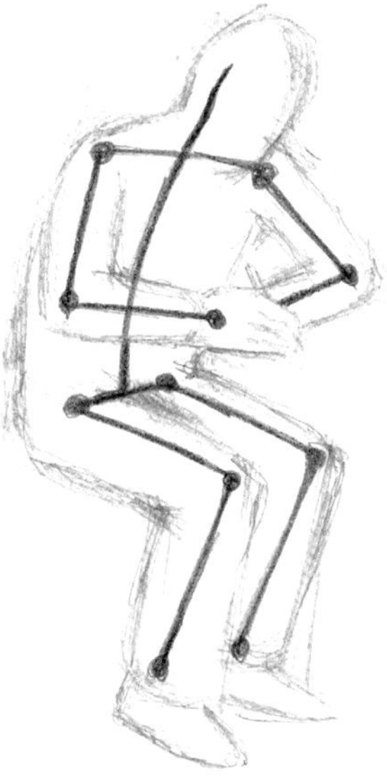

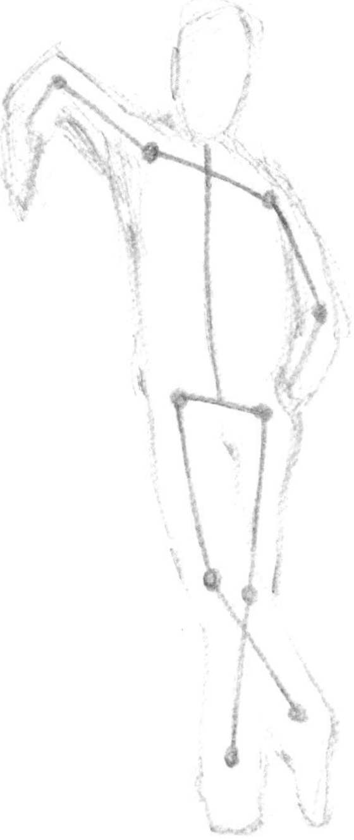

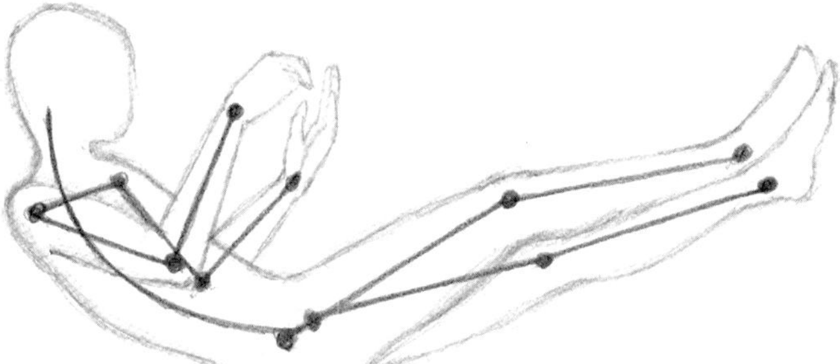

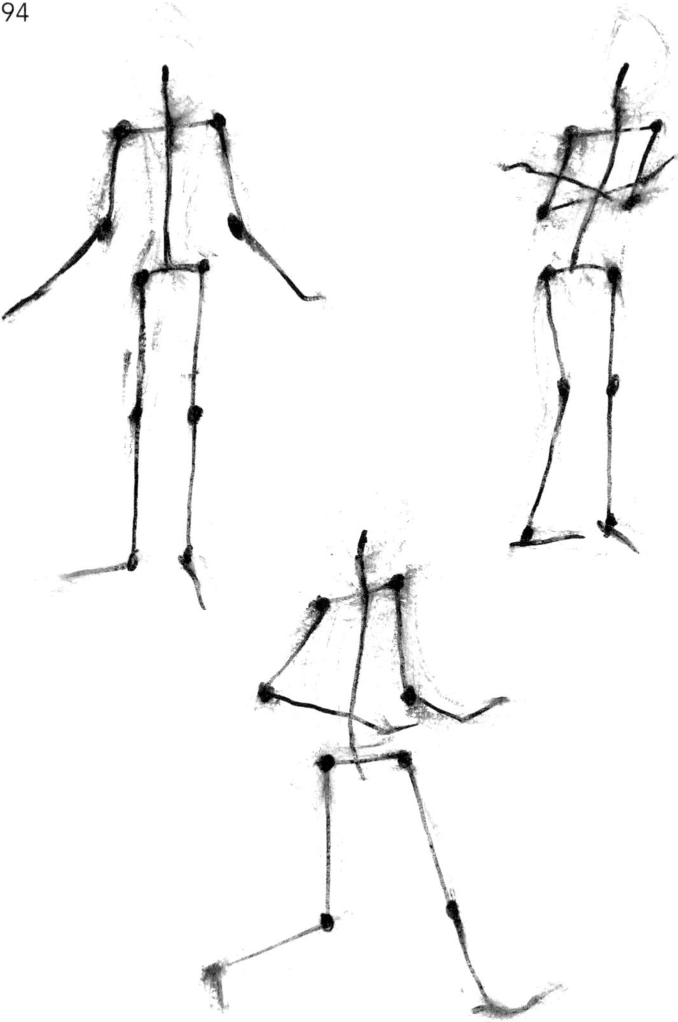

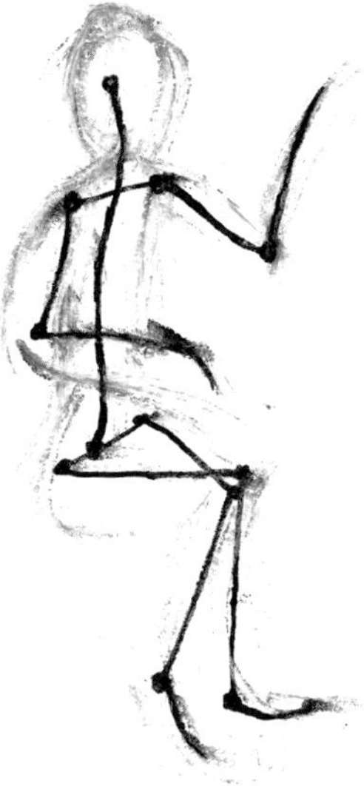
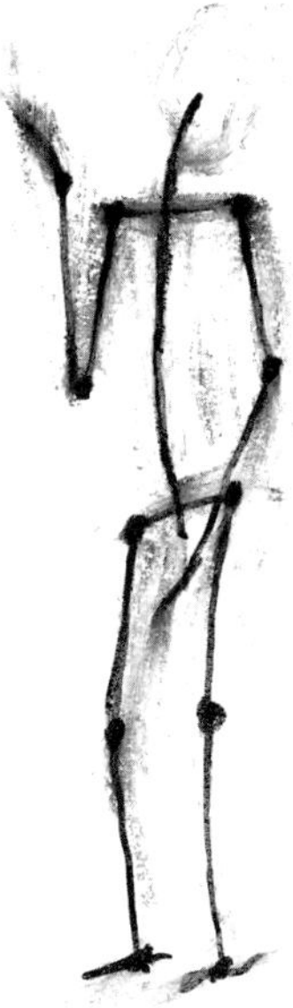
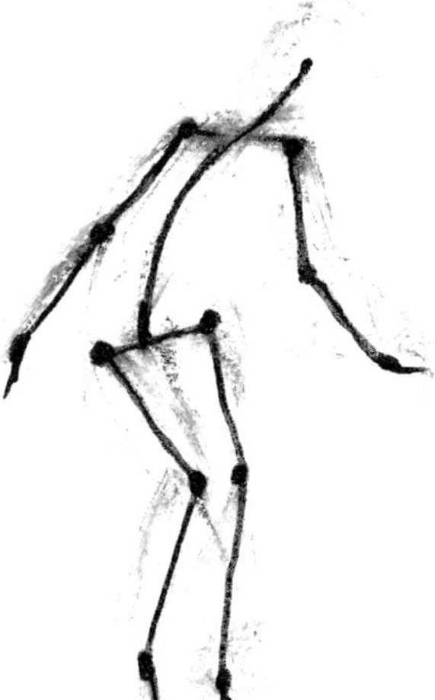

12

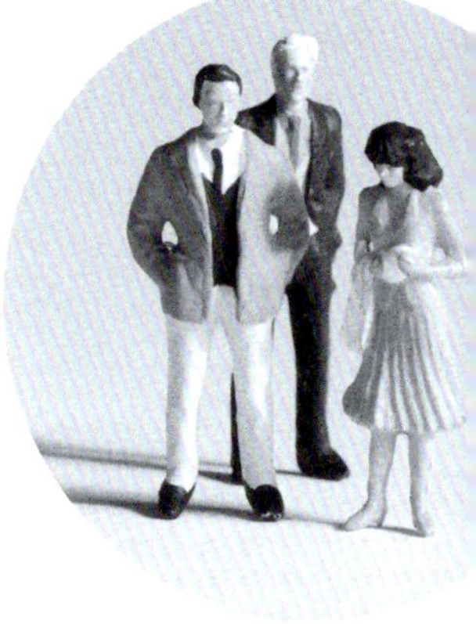

Miniaturisieren

Kariertes Papier mit einer klein gehaltenen Rastereinteilung ergibt ein Ordnungsnetz für kleinste Miniaturen. Zeichnen Sie mit einem spitzen Stift oder einer spitzen Feder Figürchen um Figürchen, versuchen Sie dabei möglichst verschiedene Posen zu registrieren. Bei genügender Schwärze der Linien besteht die Möglichkeit, am Kopierer Vergrösserungen zu erstellen.

60 Minuten, A5

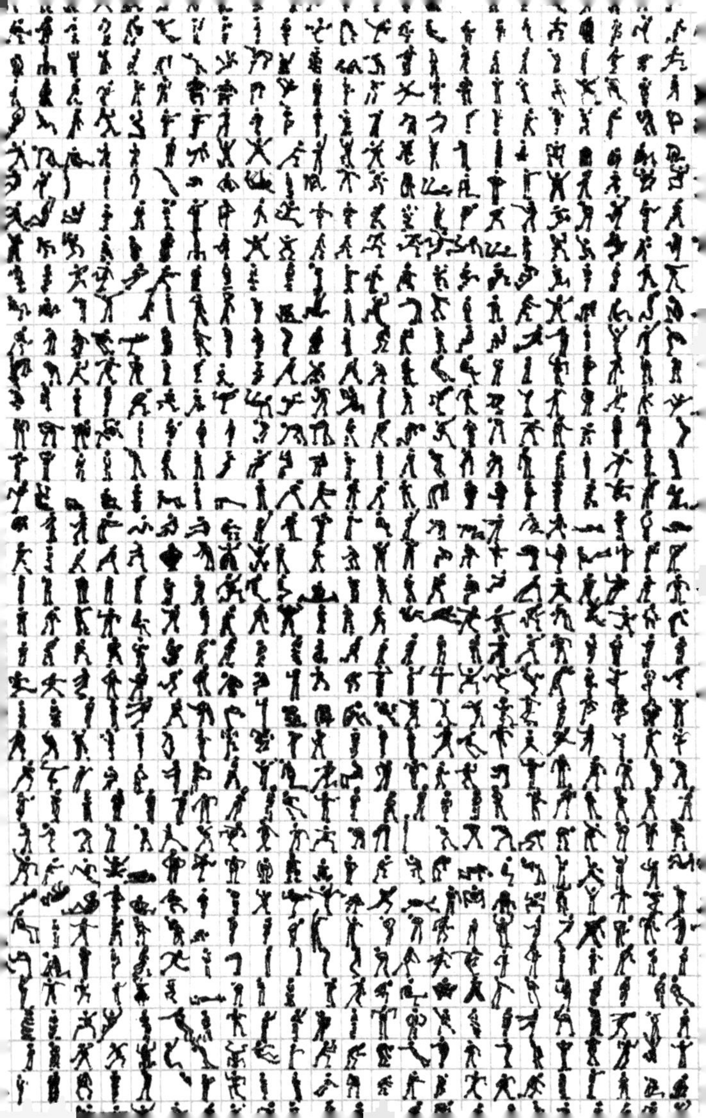

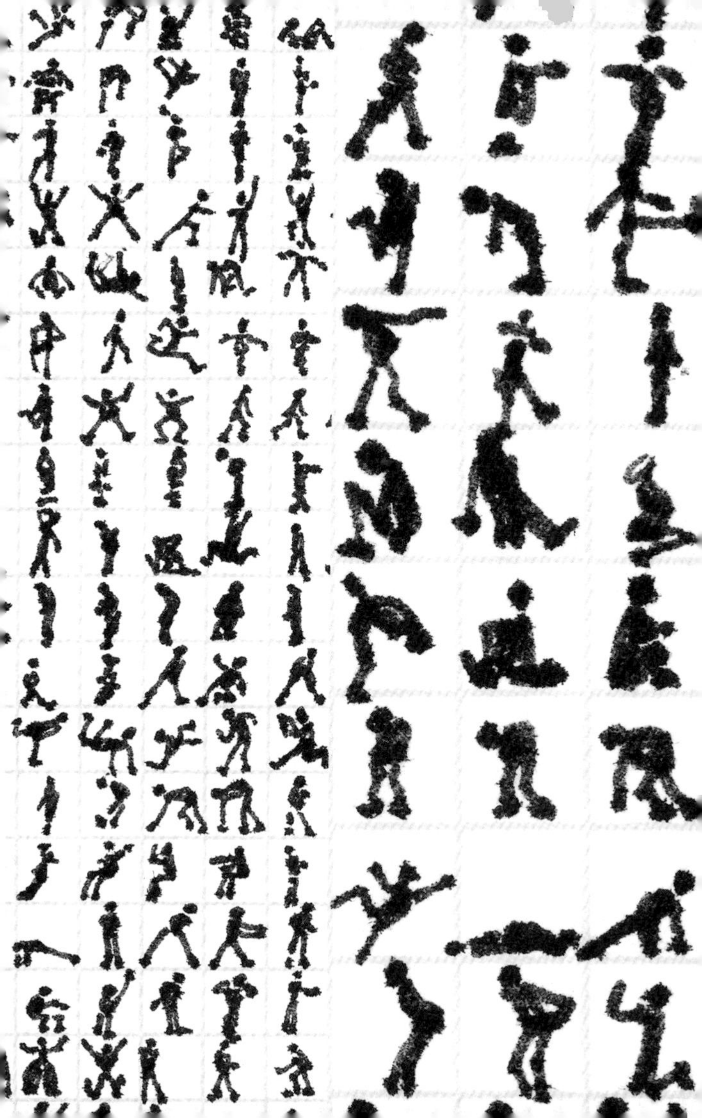

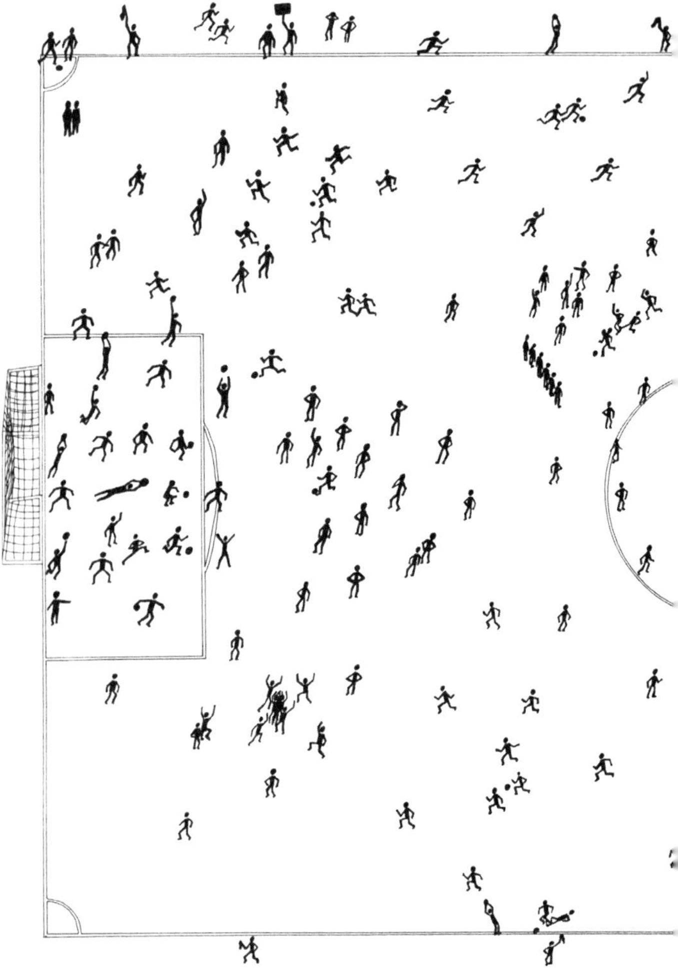

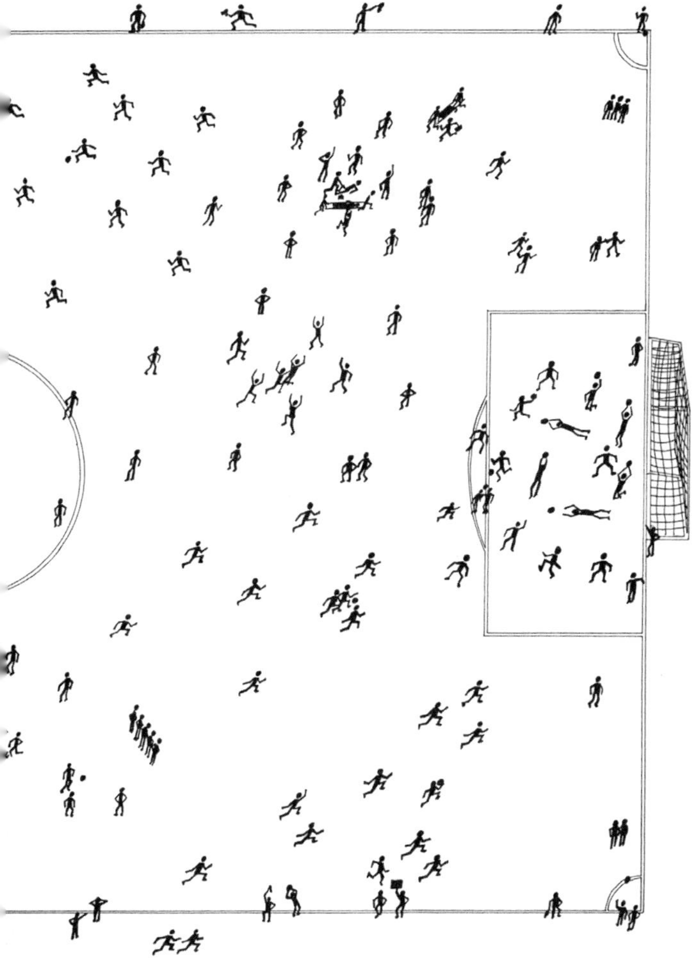

13

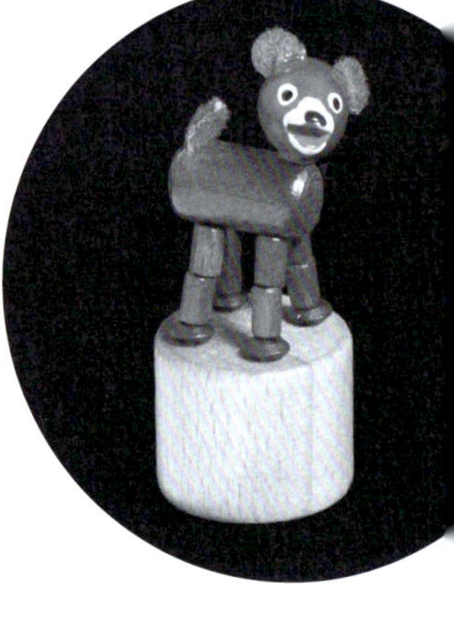

Bauen

Zylinder, Kugel, Quader sind einfache geometrische Volumen und ergeben ein «Baumaterial», mit dem sich Figuren leicht aufbauen lassen. Proportionen, Bewegungen und die Perspektive werden dadurch besser kontrollierbar. Zeichnen Sie aus der Vorstellung ein paar Körperteile, entscheiden Sie sich, ob Sie mehrheitlich die «eckigen» oder eher die «runden» Formen für den Körperbau verwenden. Sollten Sie nach dem Zeichnen aus der Vorstellung Lust verspüren, nach einem Modell zu arbeiten, wäre dies der richtige Zeitpunkt.

60 Minuten, A3

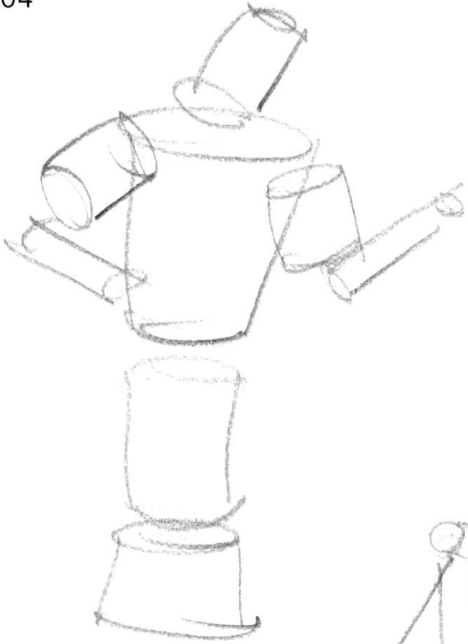

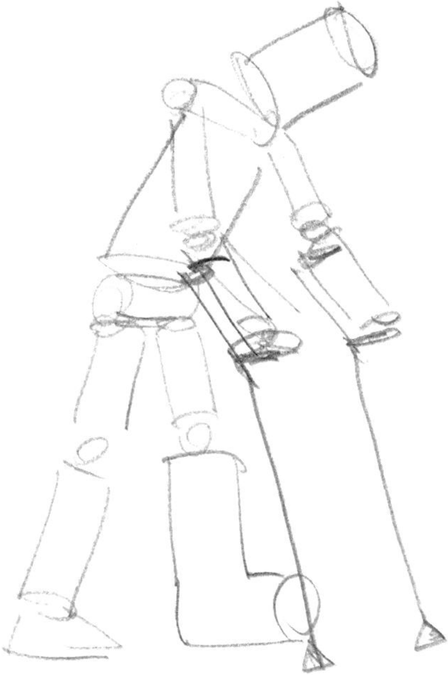

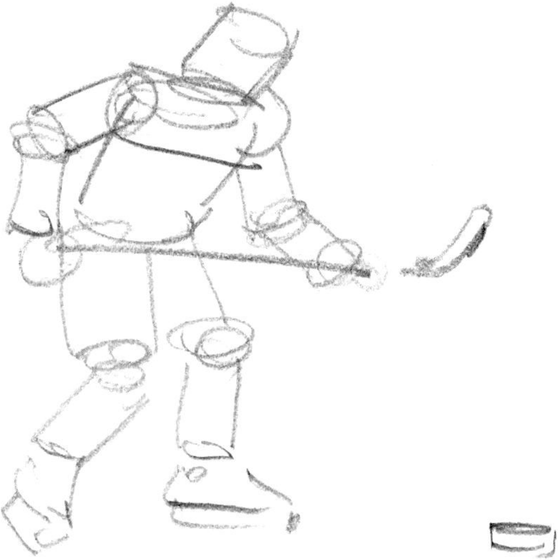

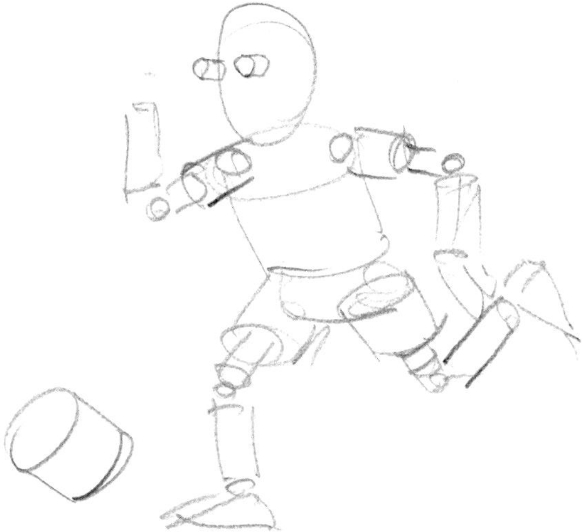

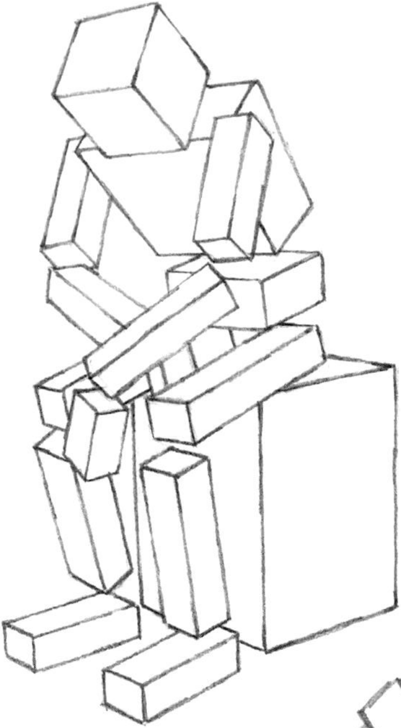

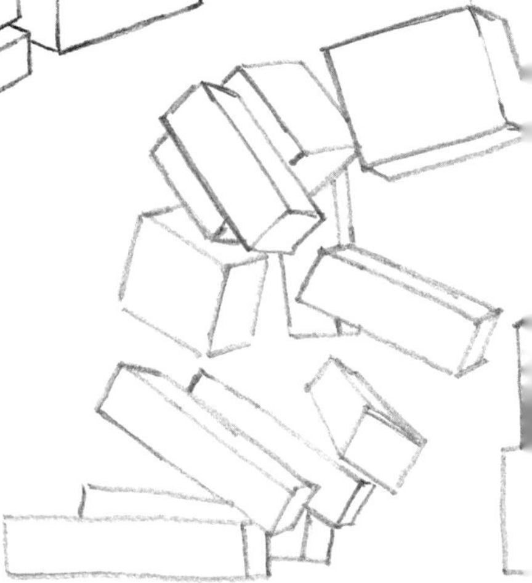

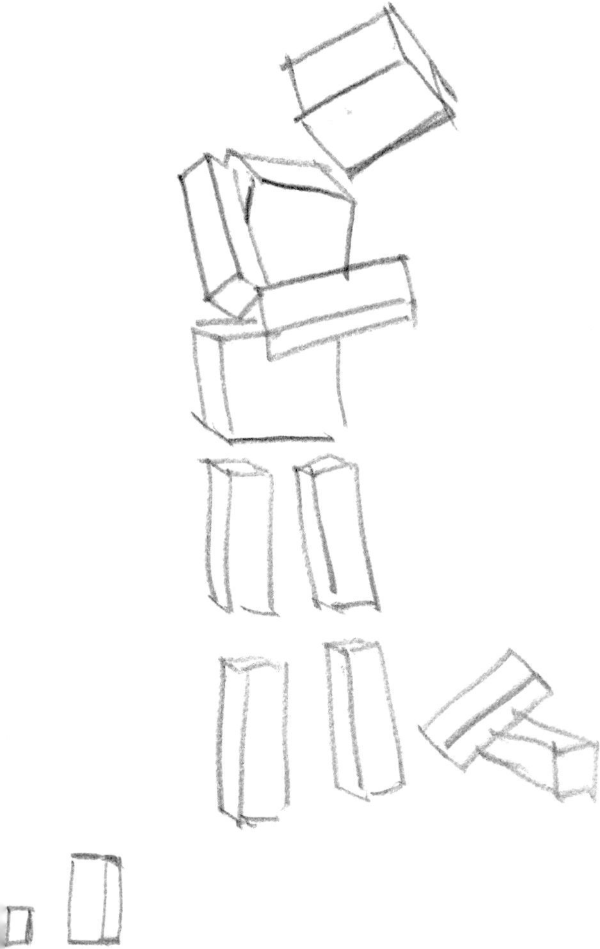

14

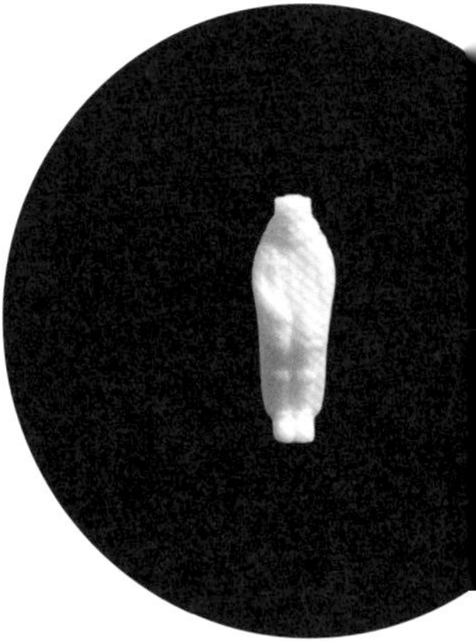

Umgeben

Beim Zeichnen orientiert sich das Auge hauptsächlich am Greifbaren. Der Zwischen- und Umgebungsraum wird erst in zweiter Linie beachtet, die Motivation ergibt das Motiv. Diese Gewohnheit kann auch verändert werden, indem dem Leerraum die nötige Beachtung geschenkt wird. Gehen Sie vom kleinen Massstab aus, schraffieren Sie die umgebenden Formen von aussen an die Figur heran. Wichtig ist dabei, dass nicht vorgängig Umrandungslinien gesetzt werden, die zu blossen Negativzeichnungen führen.

40 Minuten, A4

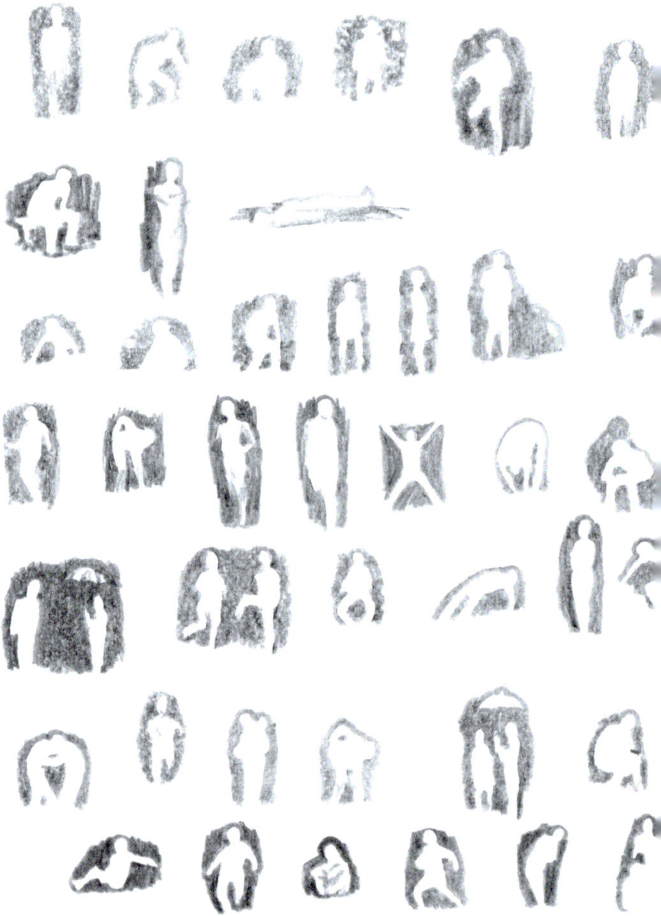

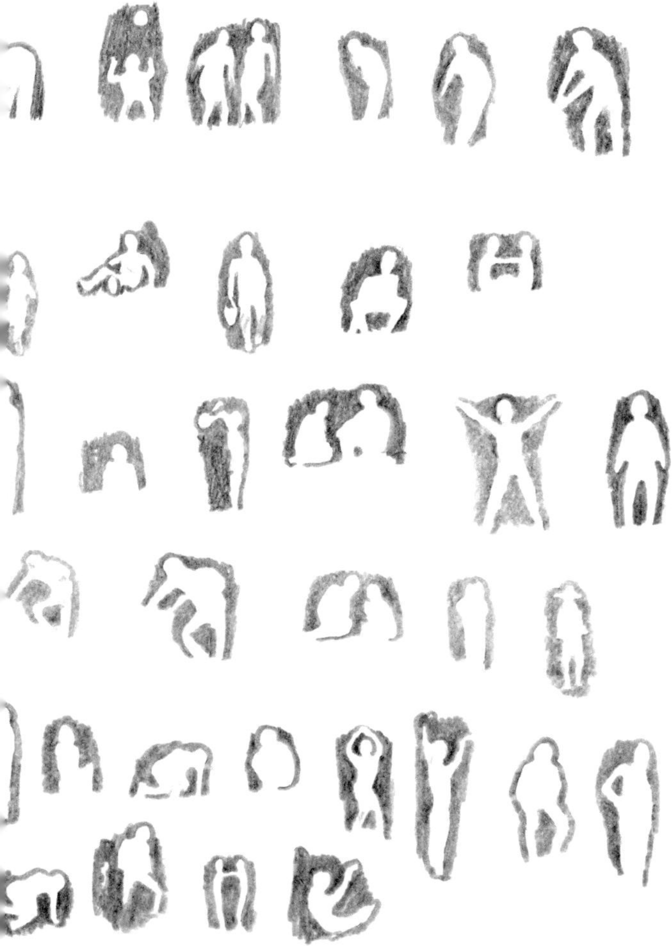

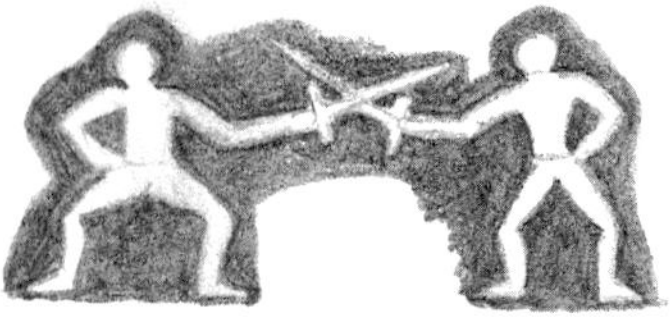

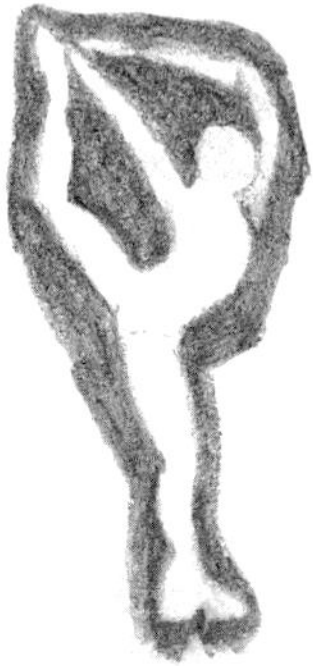

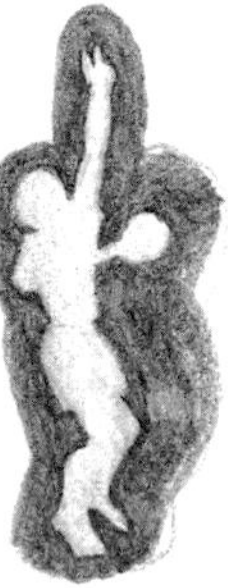

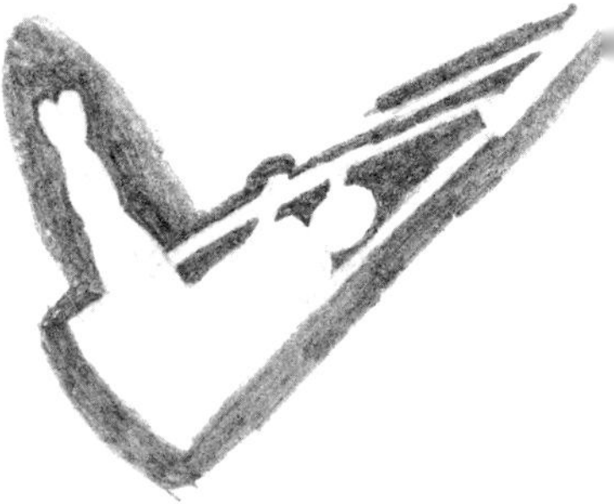

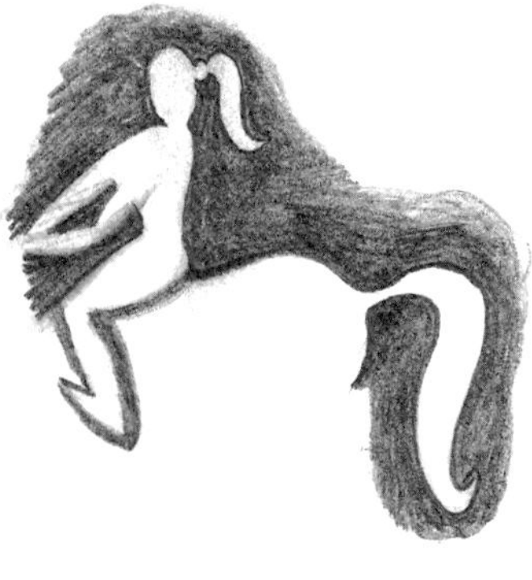

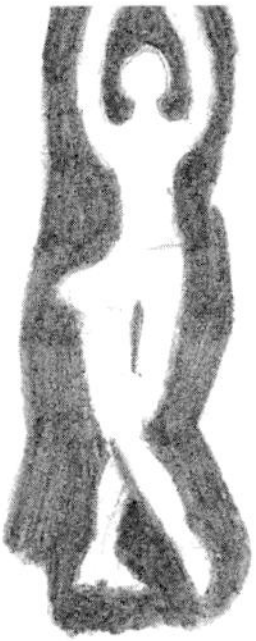

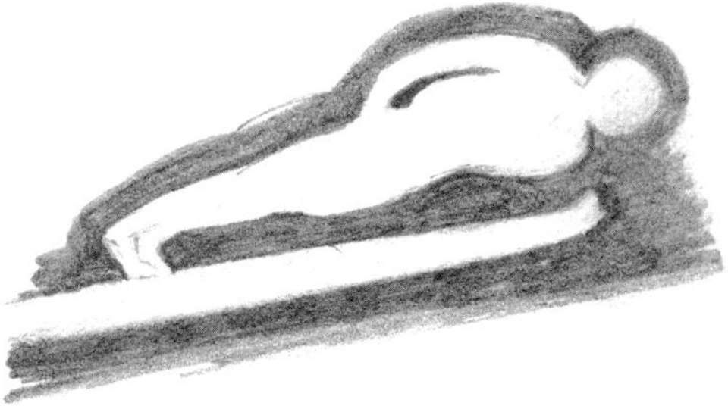

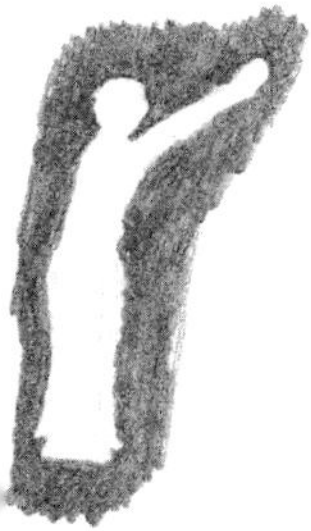

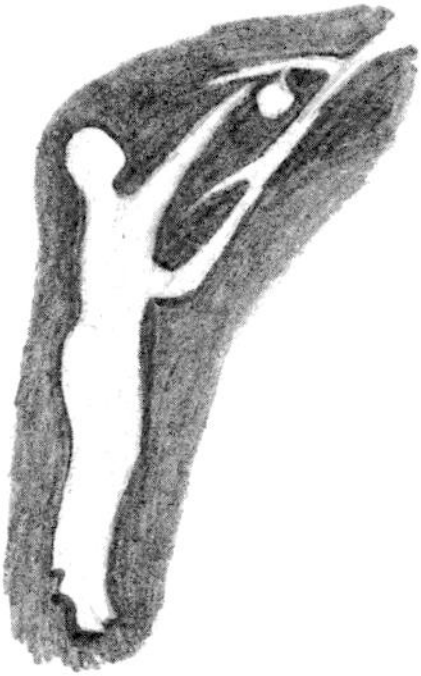

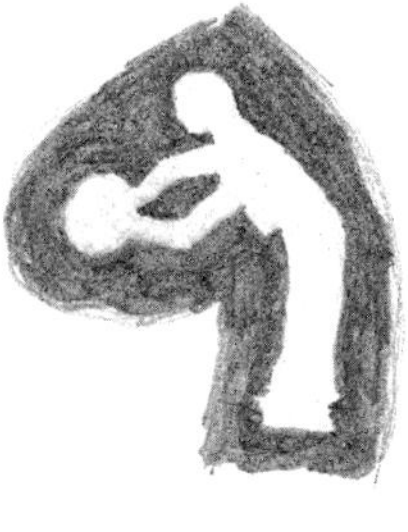

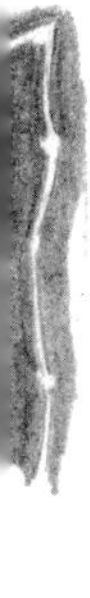

15

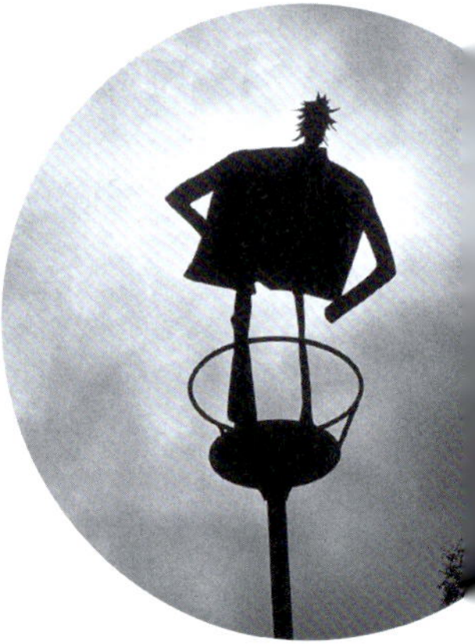

Silhouettieren

Eine Linie finden, ihren Verlauf verfolgen und damit die Abgrenzung zum umgebenden Raum definieren, ist das Ziel dieser Übung. Die signethafte und prägnante Gestaltung erleichtert Ihnen das Erkennen der wesentlichen Formen. Die Gestaltprägnanz lässt auch figurübergreifende und damit überraschende Kombinationen zu.

60 Minuten, A3

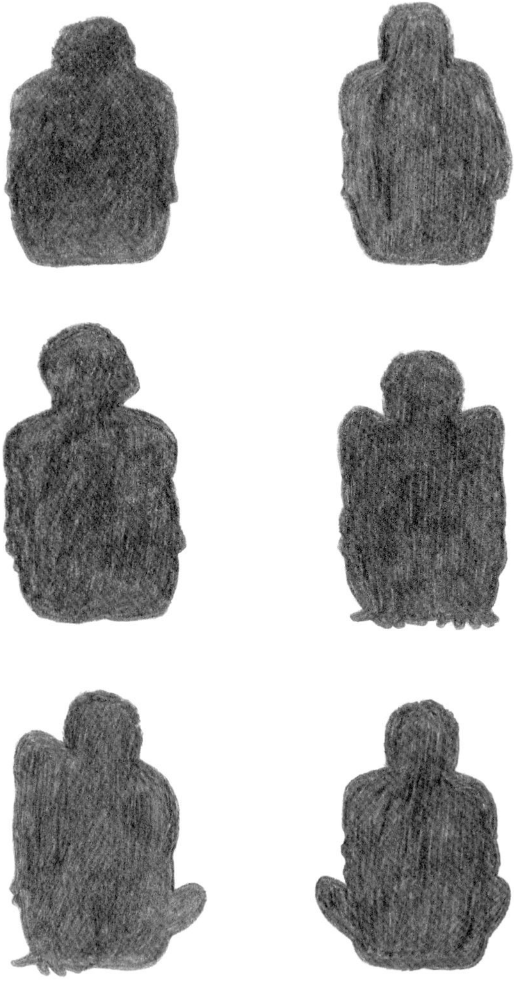

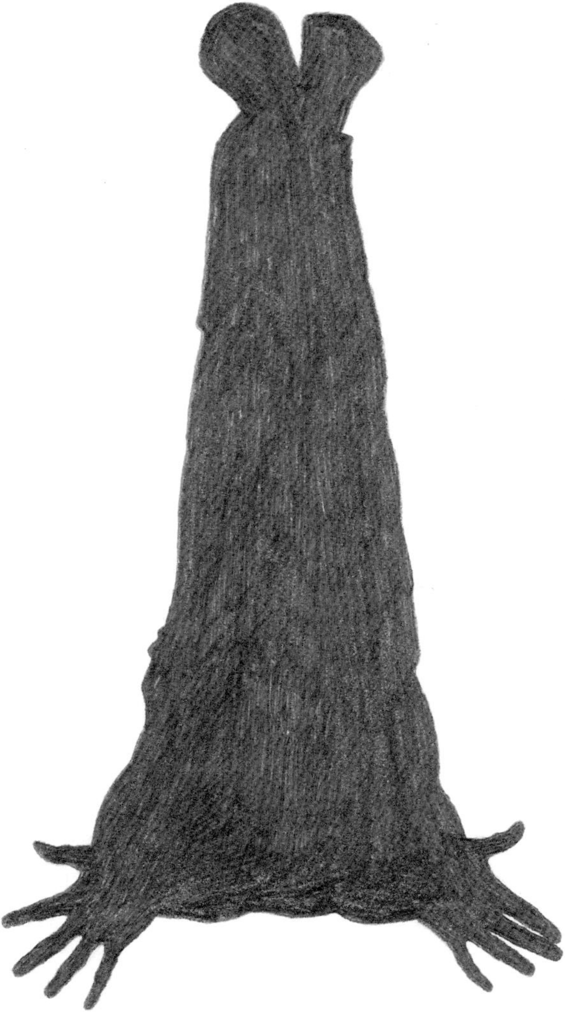

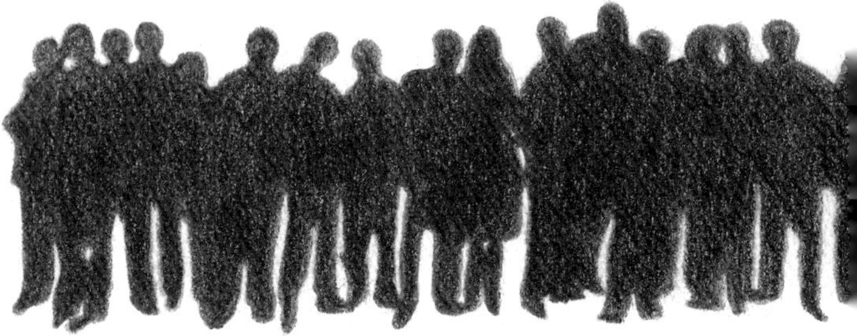

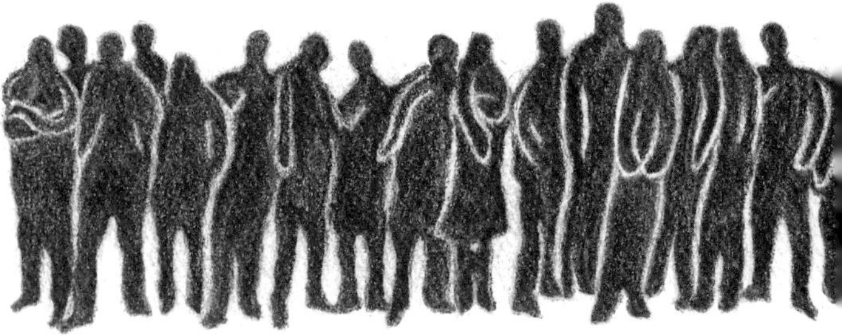

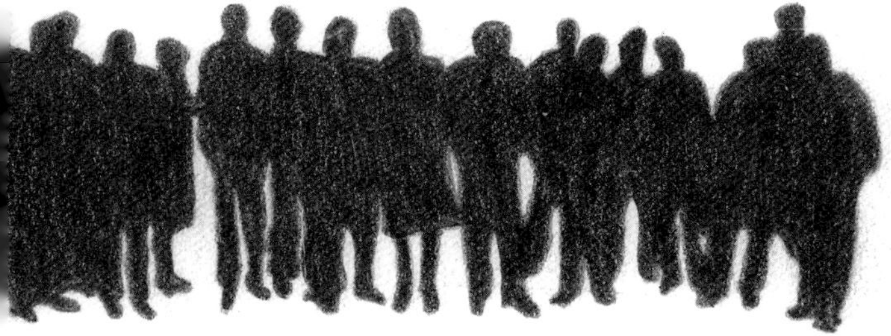

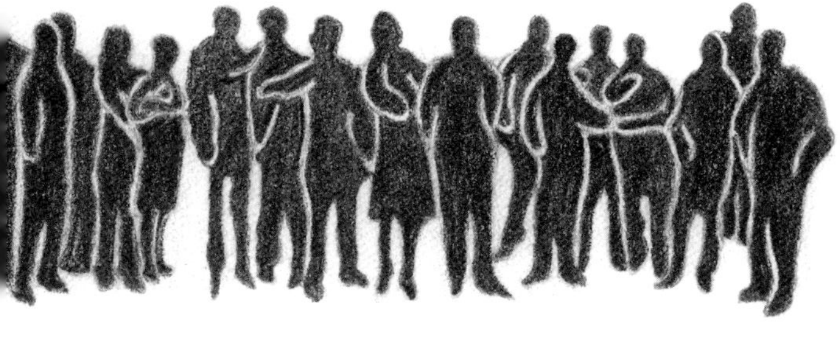

16

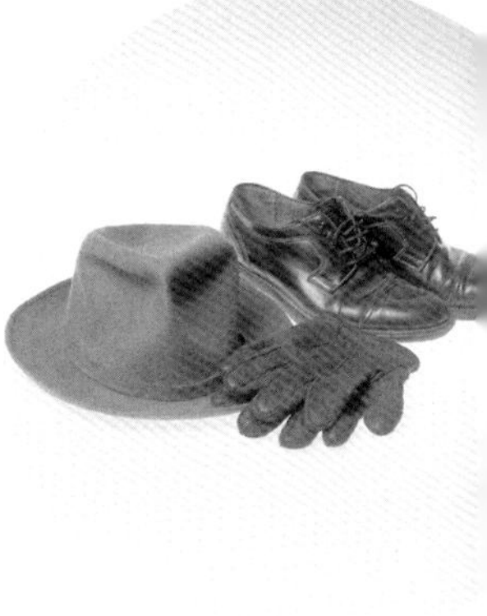

Fragmentieren

Wir können das Zeichnen auch dem denkenden Auge überlassen, sofern es uns gelingt, jene Fragmente zu zeichnen, die das Auge allein durch die Vorstellung vervollständigen kann. Die Gestaltlogik, aber auch fantasievolle Abweichungen sollen dabei erstrebenswert sein. Zeichnen Sie Fragmente (benutzen Sie Fotovorlagen von unbedeckten Körperstellen, auch das Durchpausen ist ein willkommenes Hilfsmittel), überlagern und kombinieren Sie diese zu neuen Bildgefügen, bei denen der Massstabwechsel bewusst eingesetzt wird.

80 Minuten, A3

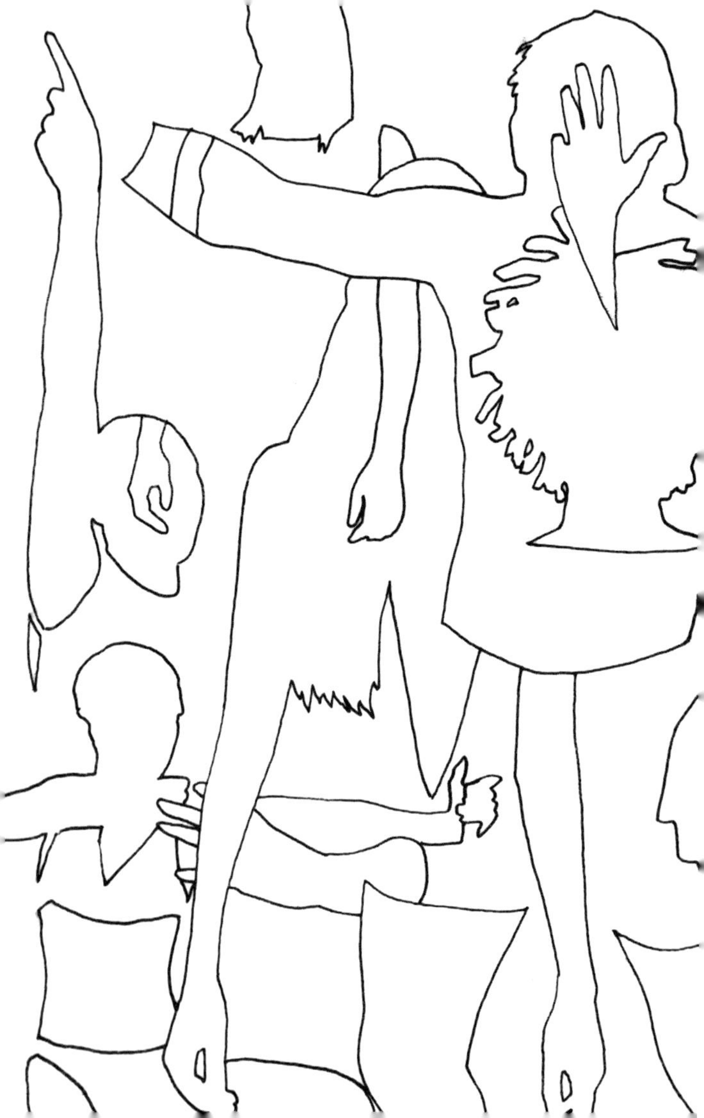

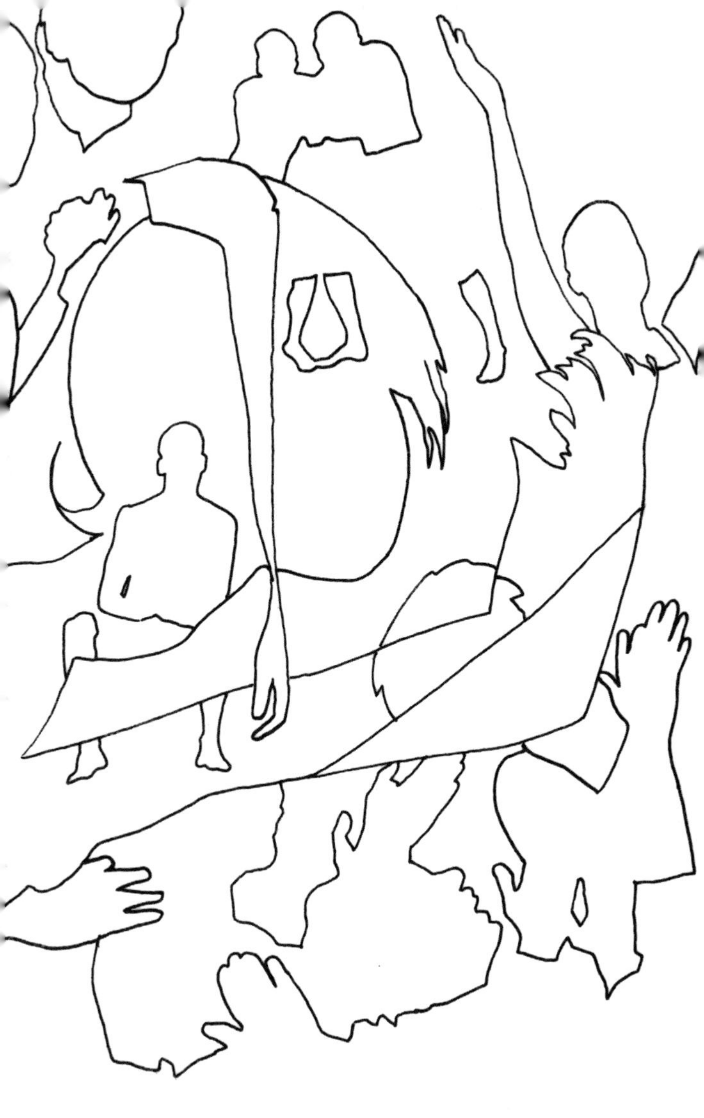

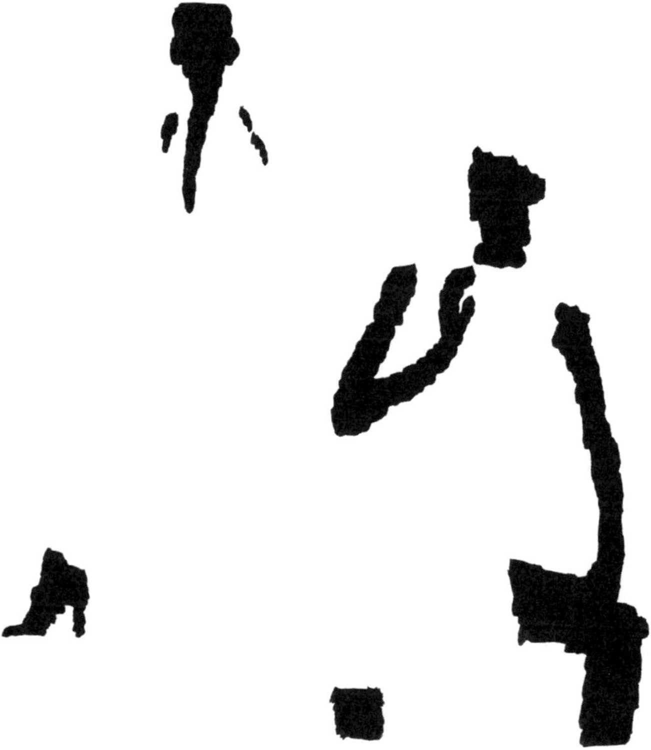

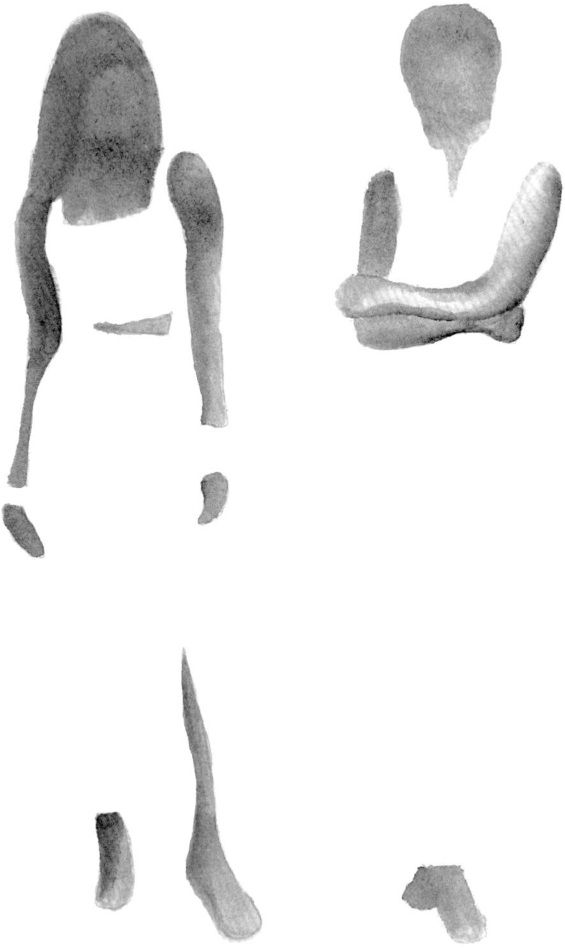

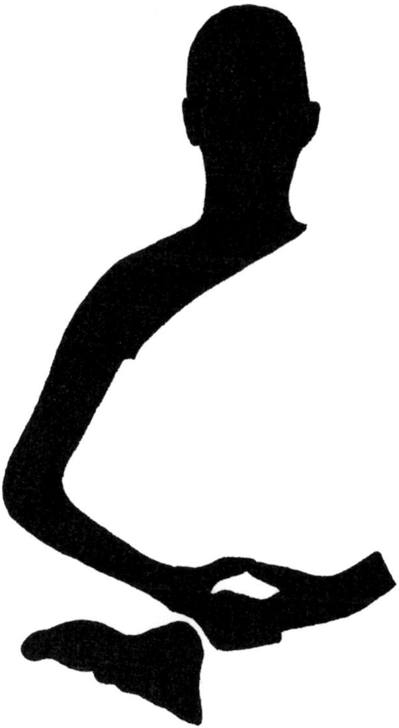

17

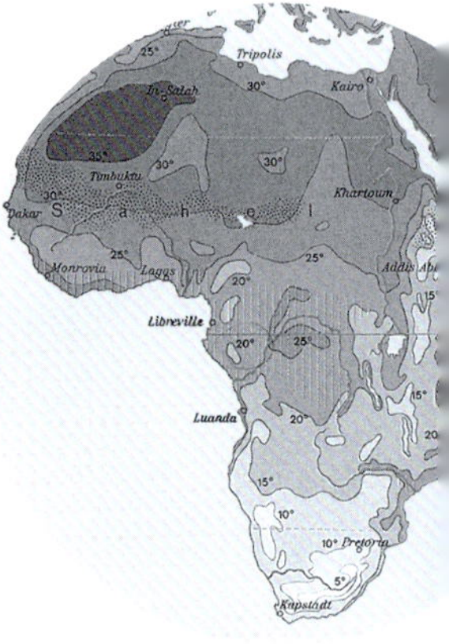
Tripolis
In-Salah
Kairo
Timbuktu
Dakar
S a h e l
Khartoum
Monrovia
Lagos
Libreville
Luanda
Pretoria
Kapstadt

Entdecken

Flecken, Liniengebilde und amorphe Muster laden das ordnungsliebende Auge dazu ein, Ordnung zu stiften. Die Suche nach der Gestalt ist typisch für unsere Sehweise. Gestalten Sie – lineare oder fleckige – Zufallsmuster (ohne lange zu überlegen). Zeichnen Sie Figuren in diese Zufallsmuster. Die Entdeckungsreise lässt sich auch mit dem Fotoapparat durchführen.

90 Minuten, A3 (oder Fotoformat)

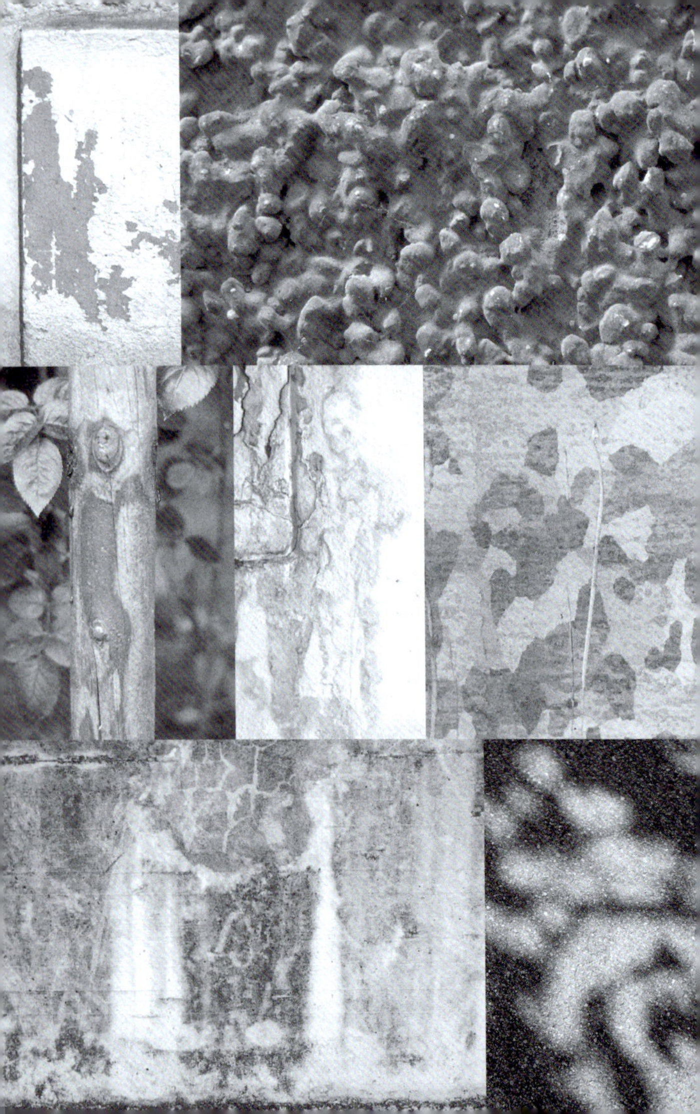

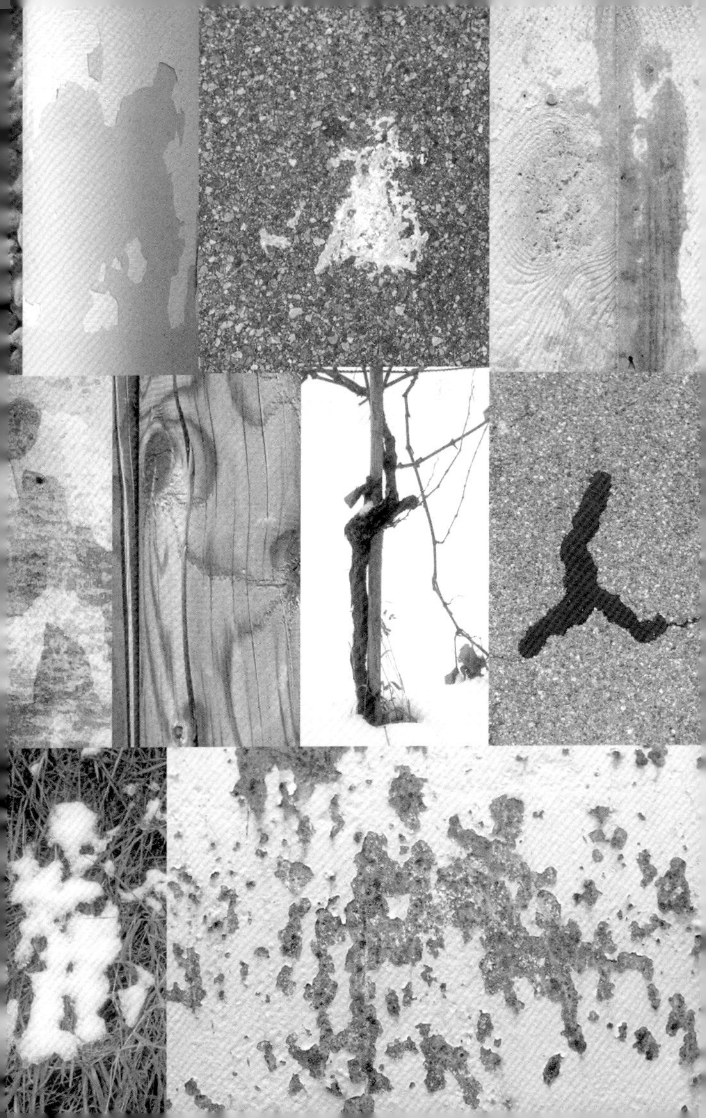

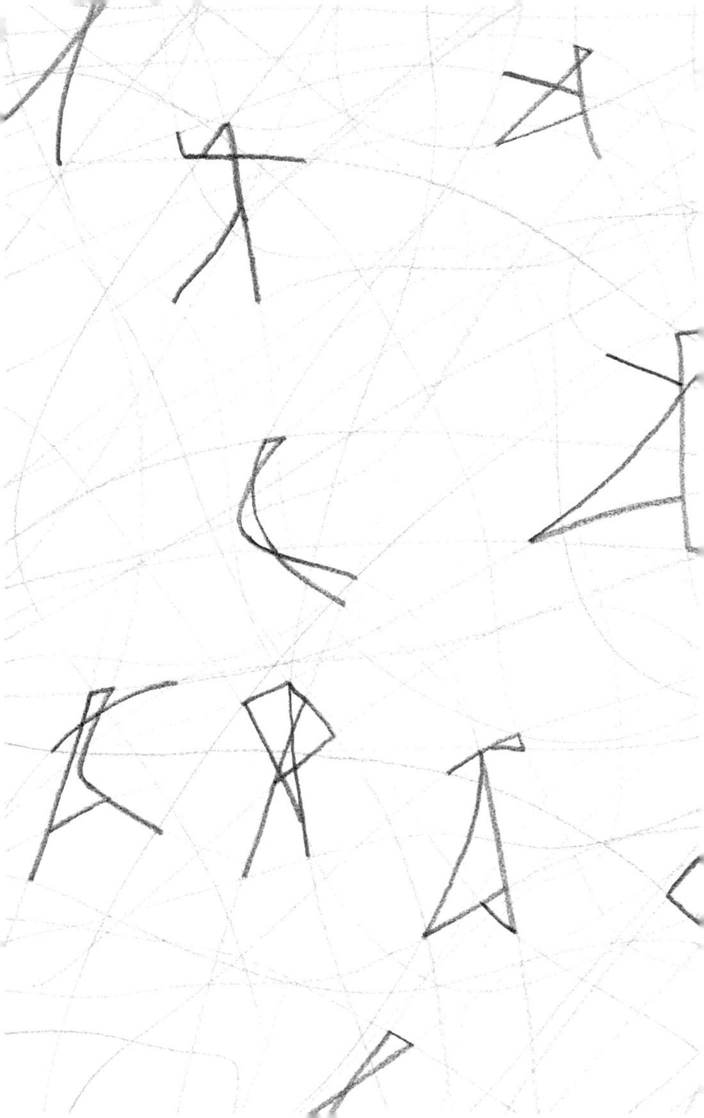

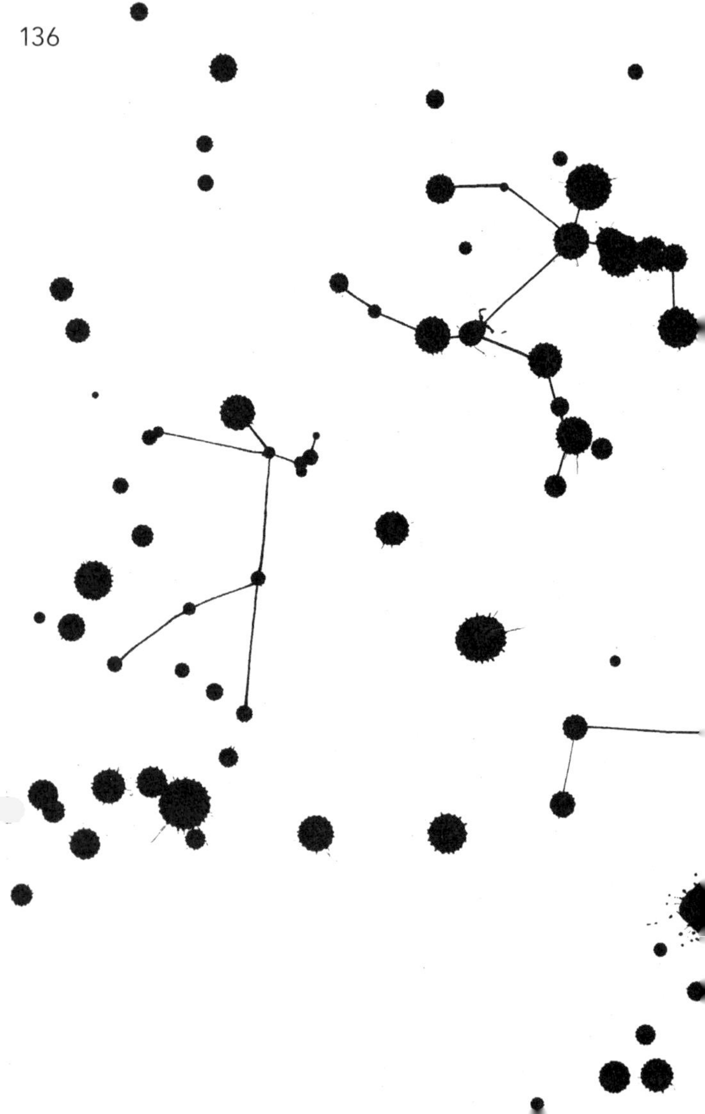

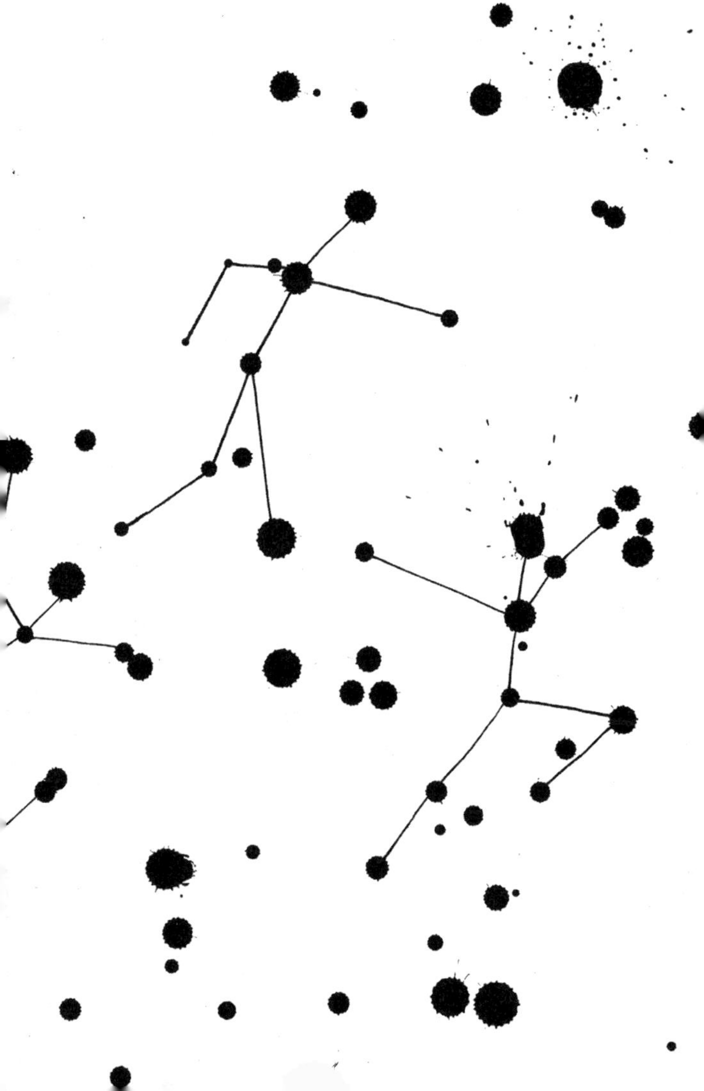

18

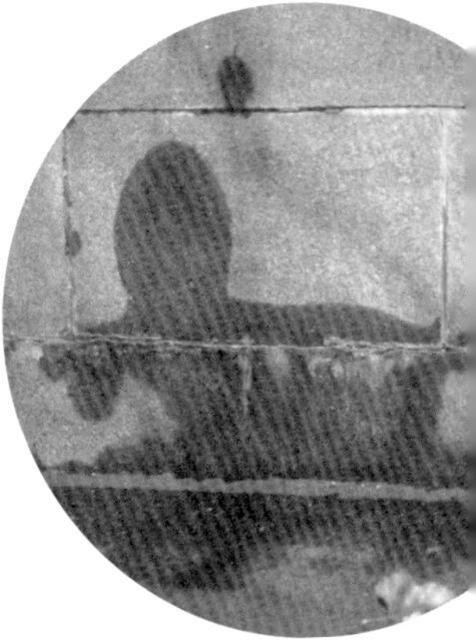

Andeuten

Da die Wahrnehmungsformen der vorangehenden Übung sehr wichtig sind, gestatte ich mir, Ihre Entdeckungsfreude nochmals anzuregen. Das Auge wird diesmal noch stärker gefordert, weil die visuellen Elemente mehr andeuten als offenbaren; die visuelle Auslegung wird dadurch noch breiter angelegt. Mit Papierknäueln stempeln, Kunstharzlacke auf der Wasseroberfläche schwimmen lassen, um sie mit dem Papier vom Wasser abzuheben, oder mit Grafitpulver zeichnen verhelfen zu den gewünschten Andeutungsformen.

60 Minuten, A4

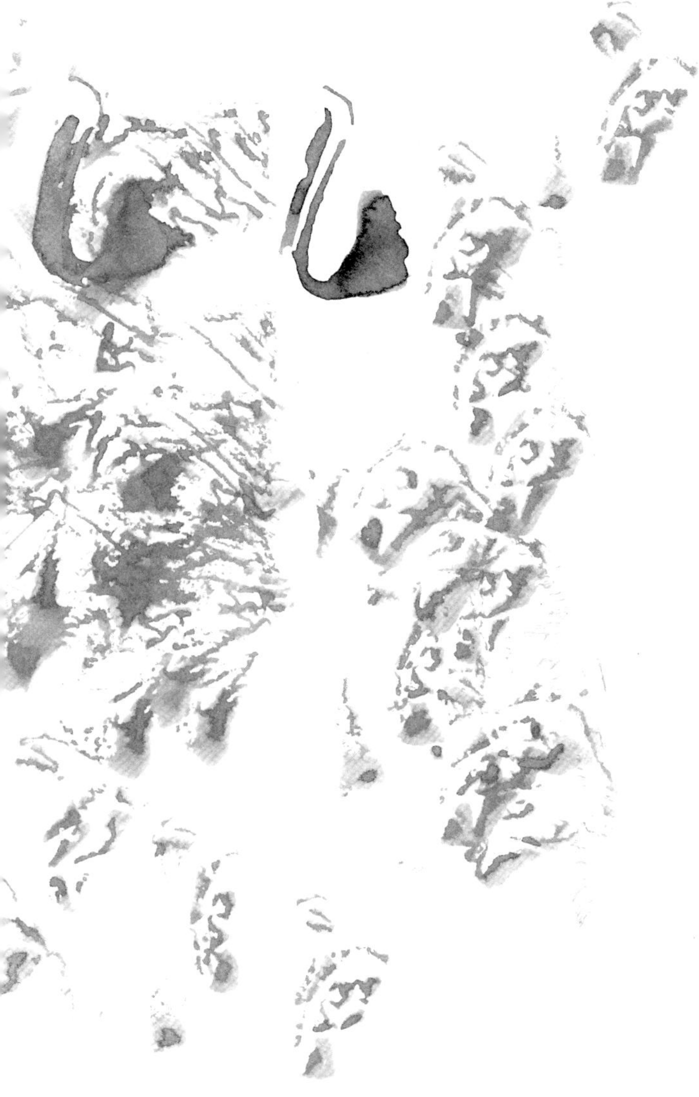

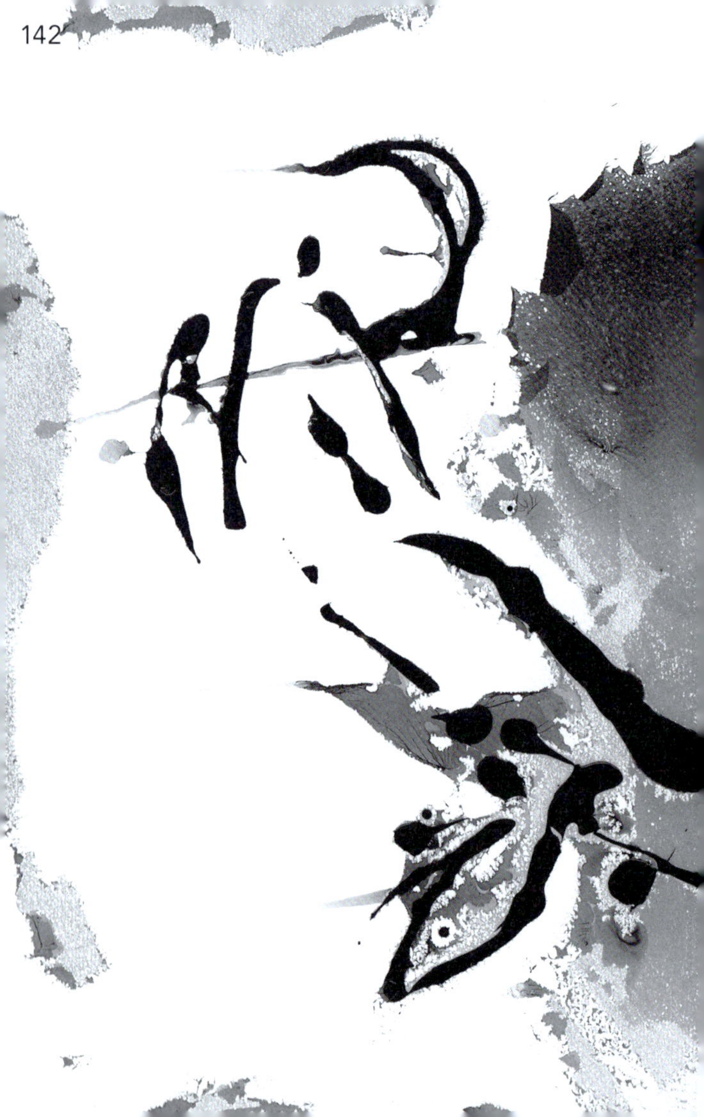

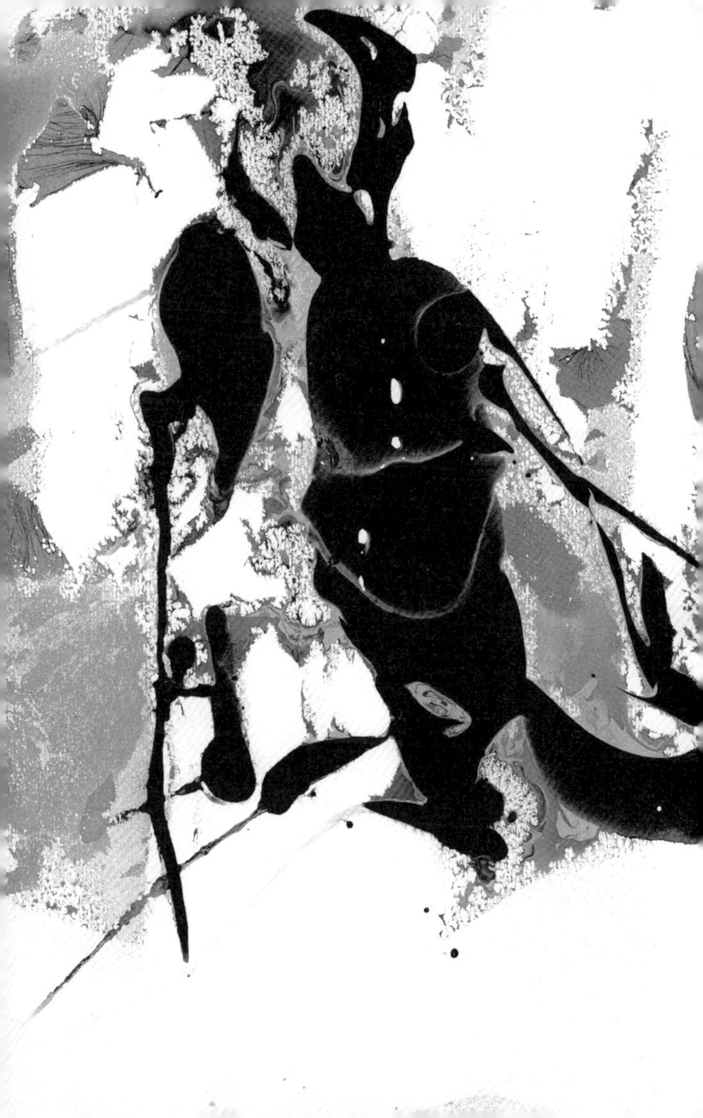

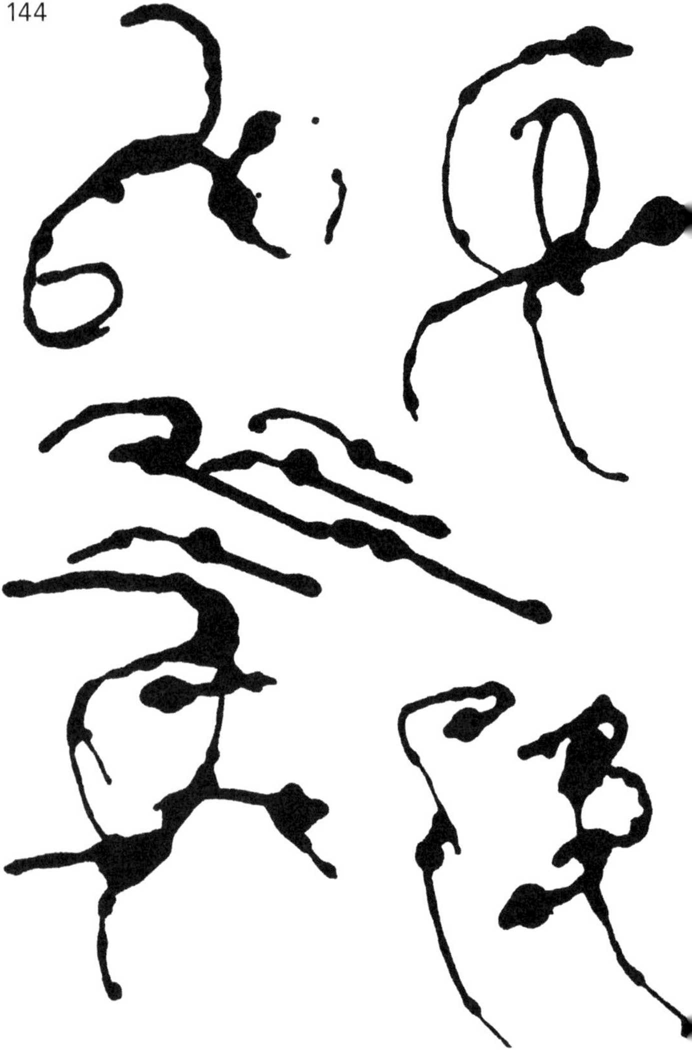

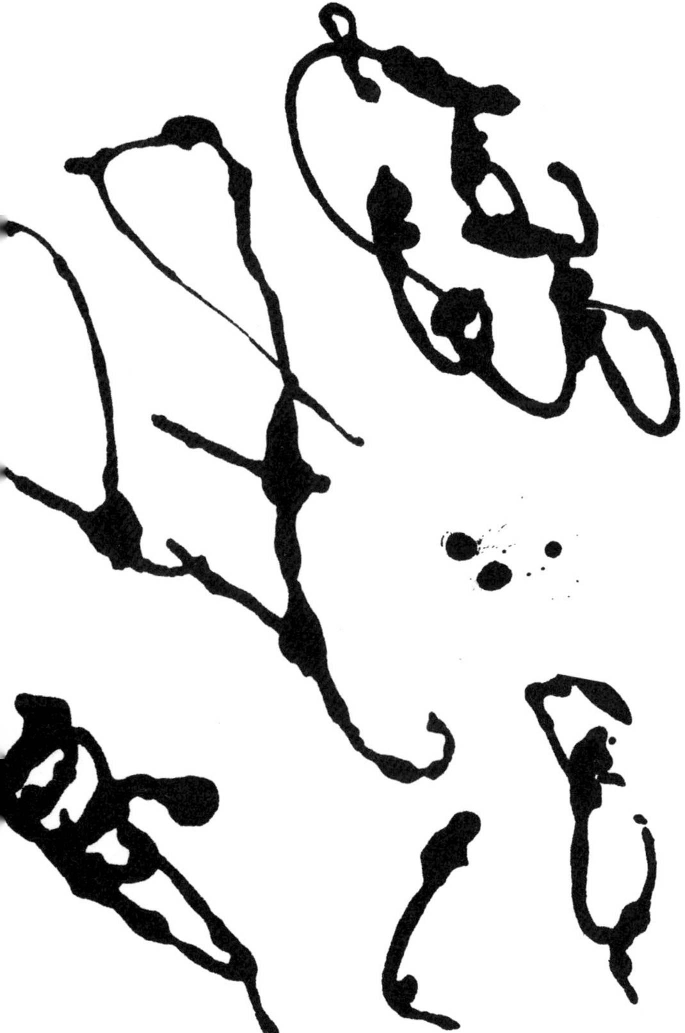

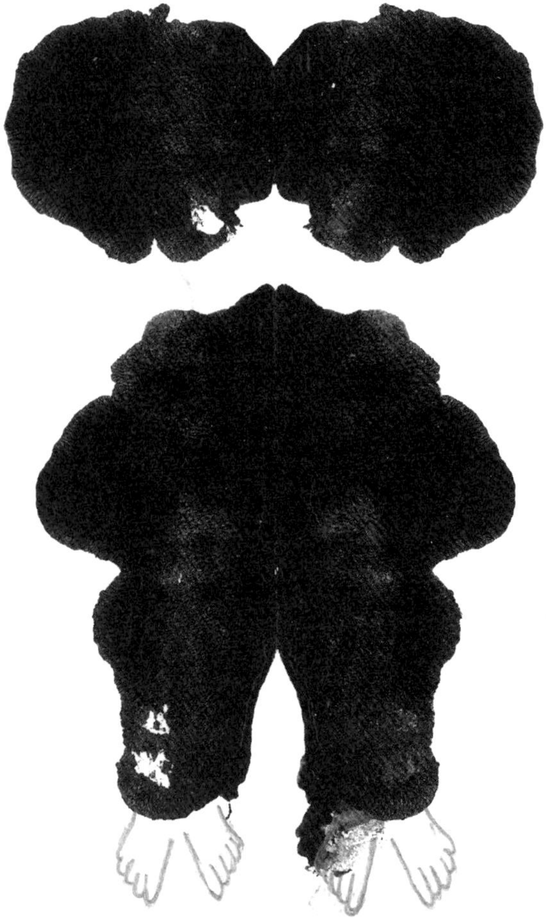

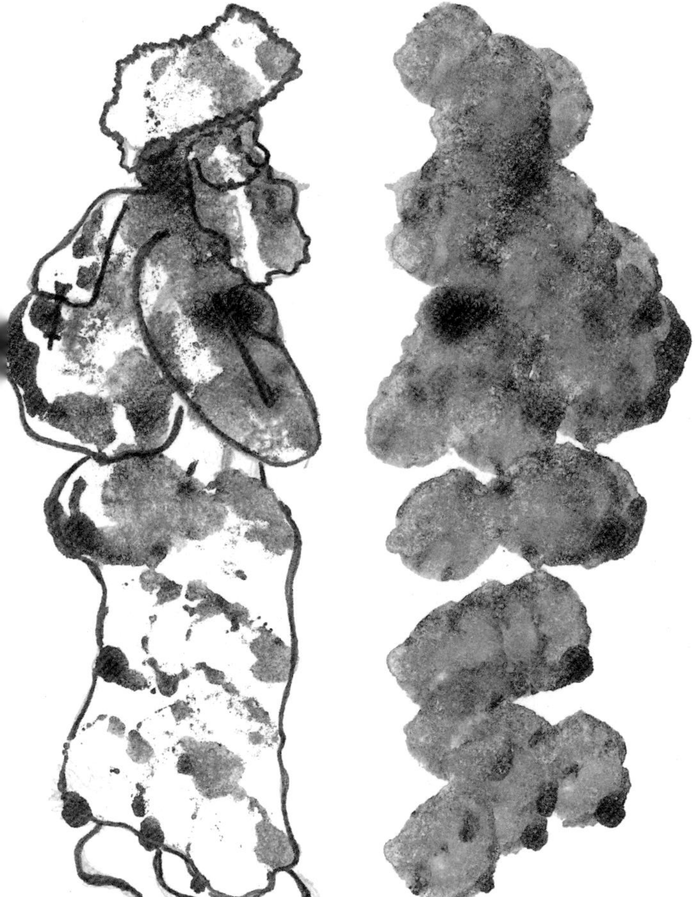

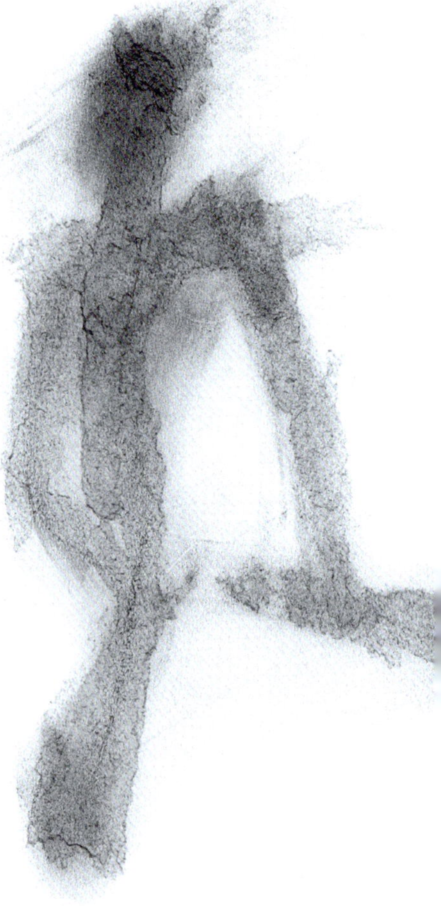

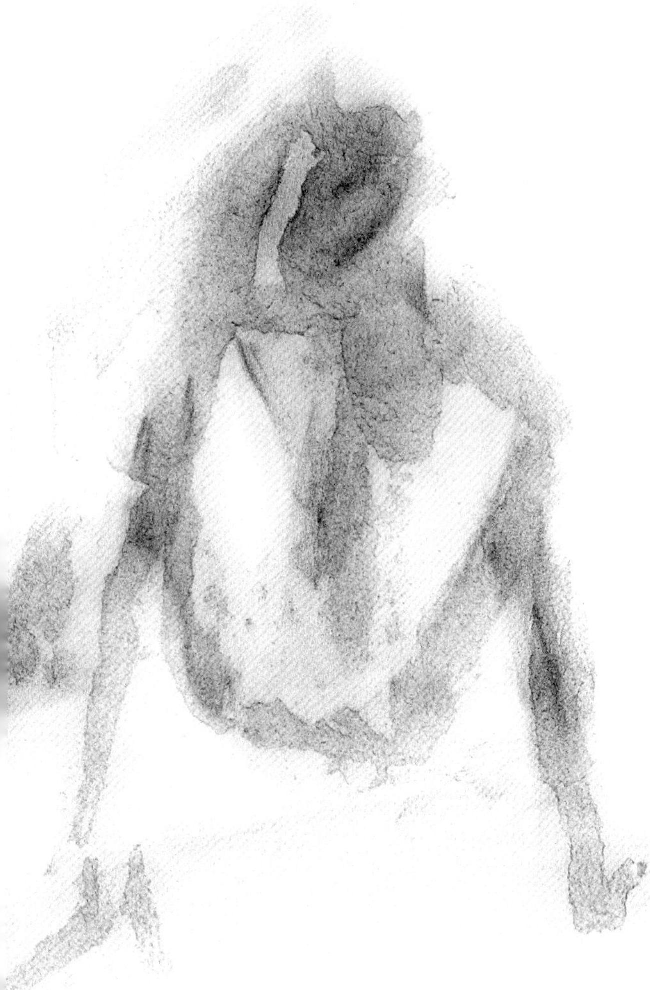

19

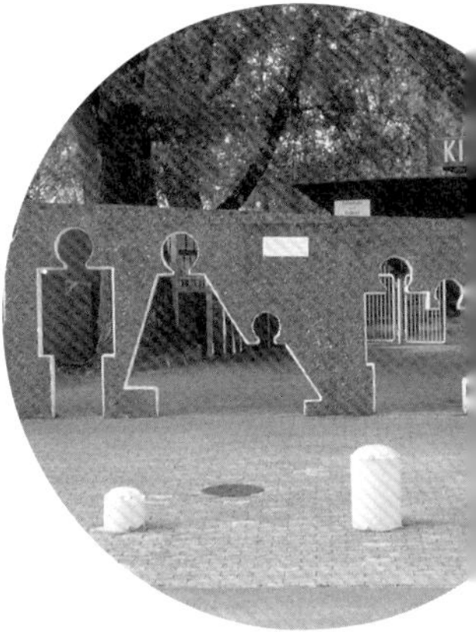

Entwickeln

Von Zeichnung zu Zeichnung wird eine Körperposition verbessert. Wählen Sie ein Hilfsmittel, das Sie zur Position führt (eine Tätigkeit, ein Ball, eine Treppe …). Die Figuren erhalten dadurch einen Kontrollpunkt, durch den die gewünschte Position präzisiert werden kann. Die Zeichnung ist als Entwicklungsvorgang zu betrachten, Sie bestimmen eine Position, zeichnen die korrigierte Form der ersten usw.

40 Minuten, A4

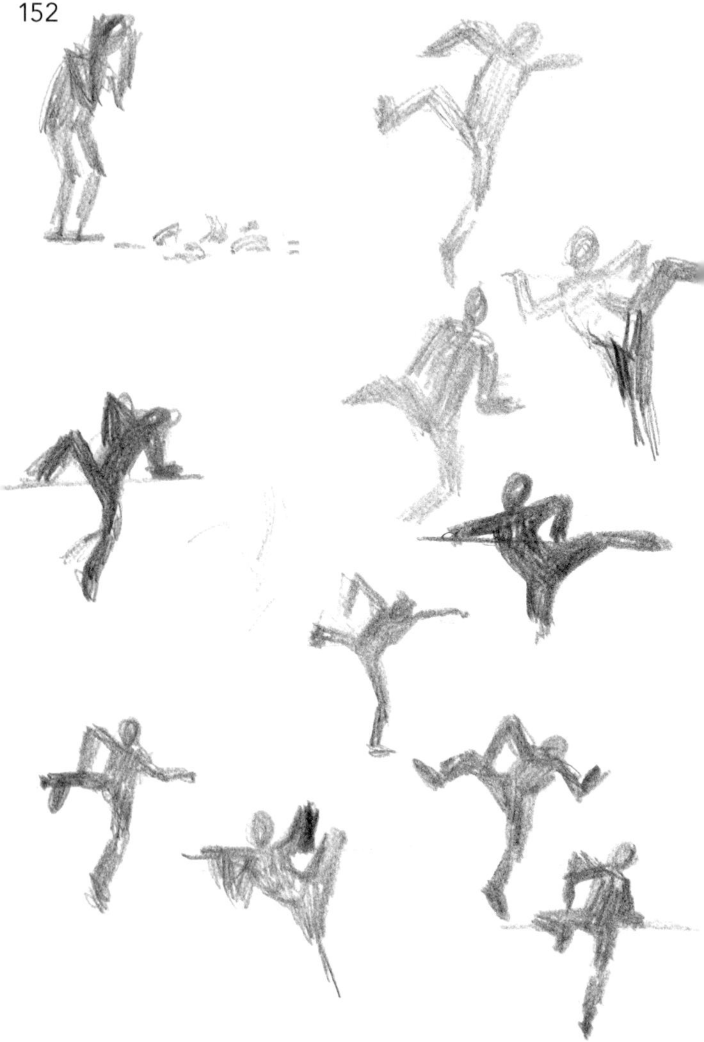

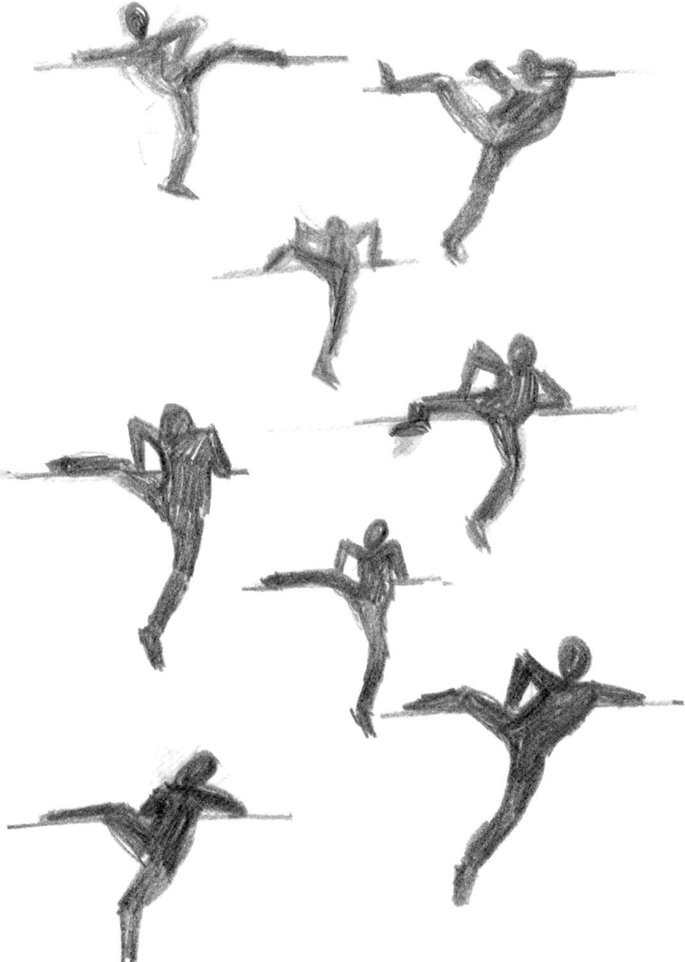

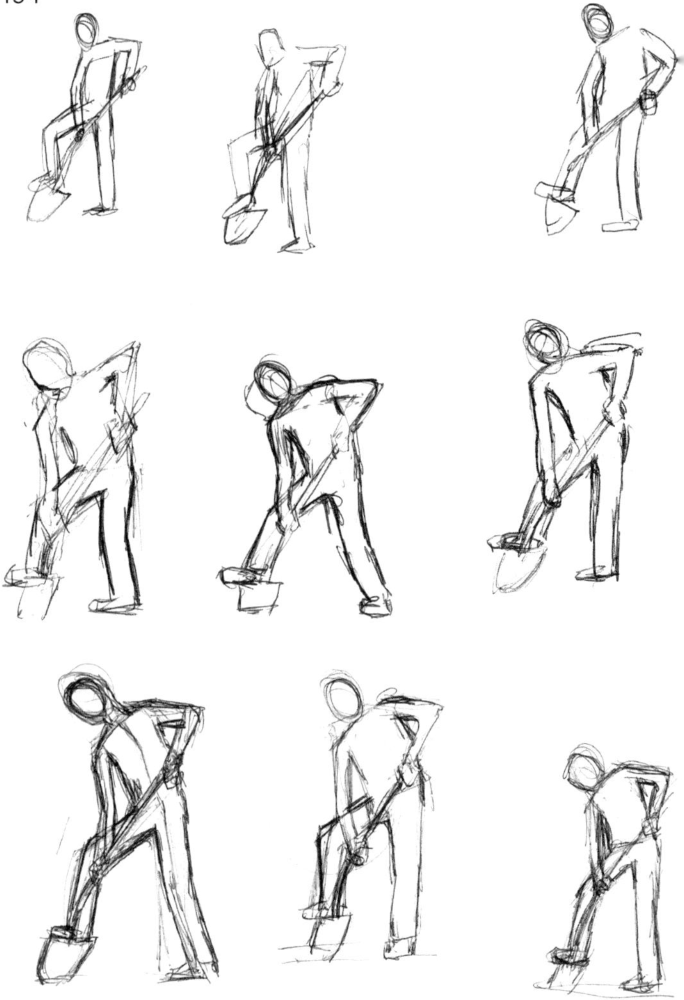

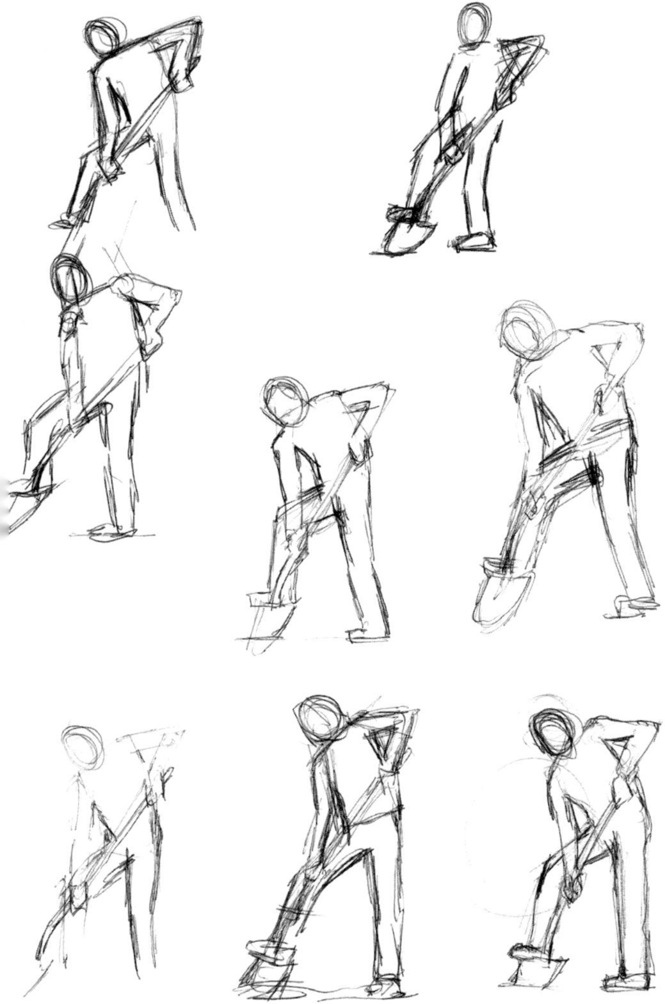

20

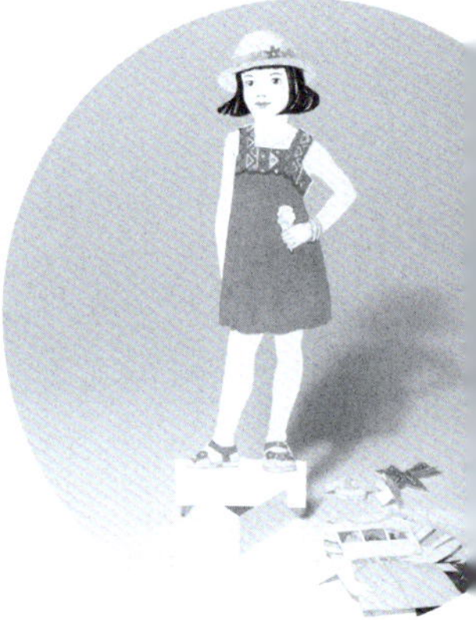

Bewegen

Eine Papierfigur falten und bewegen, alles an ihr beweglich halten, um sie mit leichter Hand Ihren formalen Absichten schnell anpassen zu können, ist die Voraussetzung für folgende Untersuchung, die Aspekte des Übergangs vom Zwei- zum Dreidimensionalen bietet. Schneiden Sie, den Umrissen folgend, eine Figur aus einem stabilen Papierbogen. Dieses Modell bietet Ihnen grosse Anpassungsfähigkeit und passt sich vielen von Ihren Bewegungsvorstellungen an (durch Falten und Biegen). Zeichnen Sie nach diesen Modellvariationen.

60 Minuten, A3

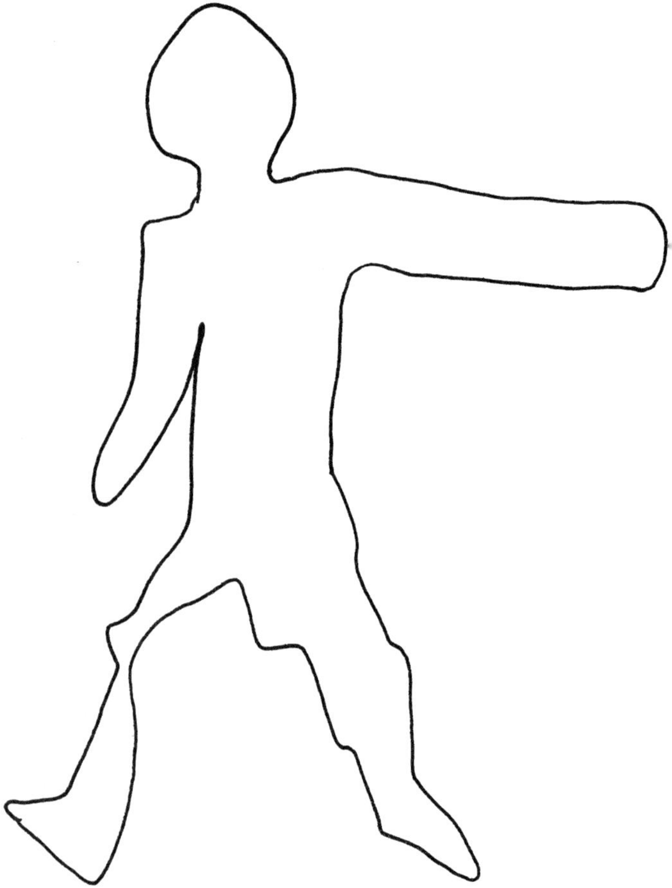

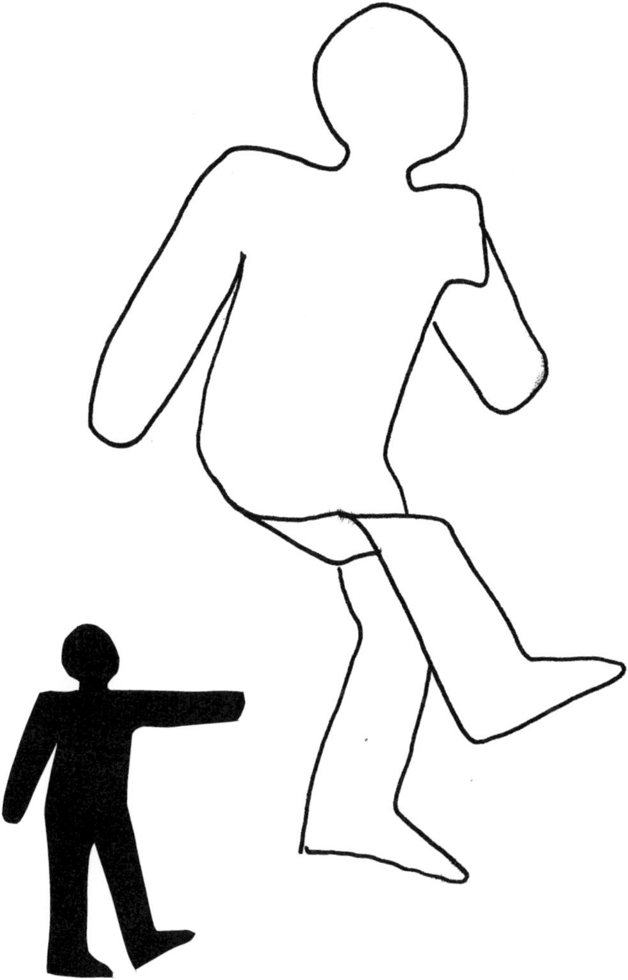

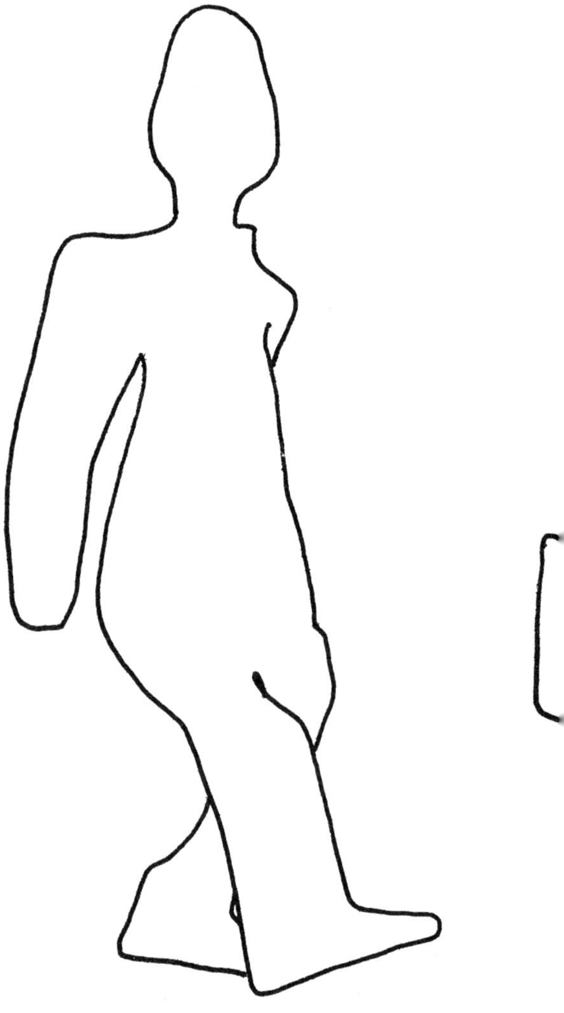

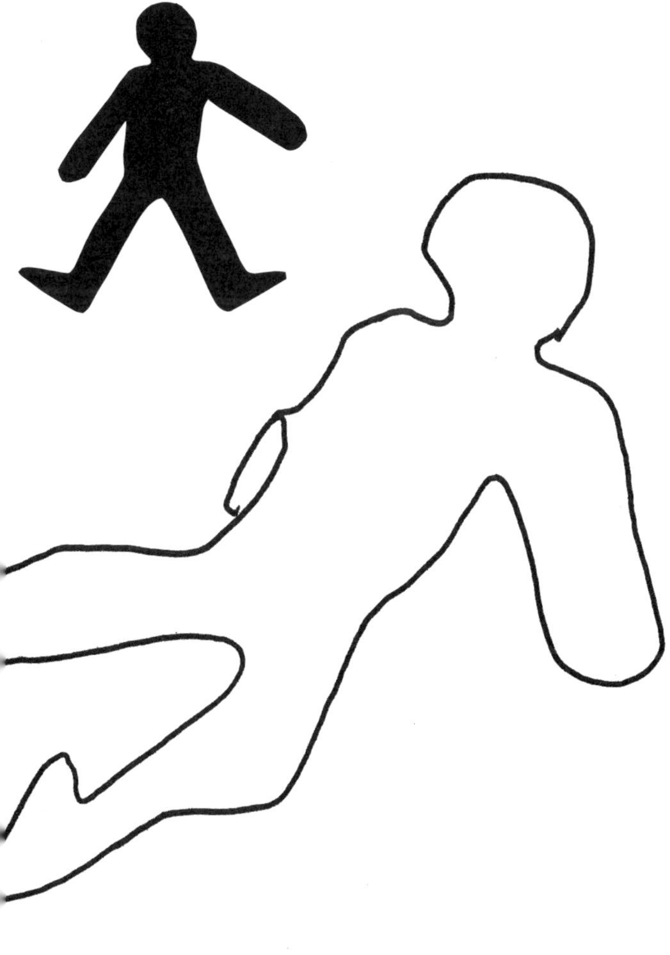

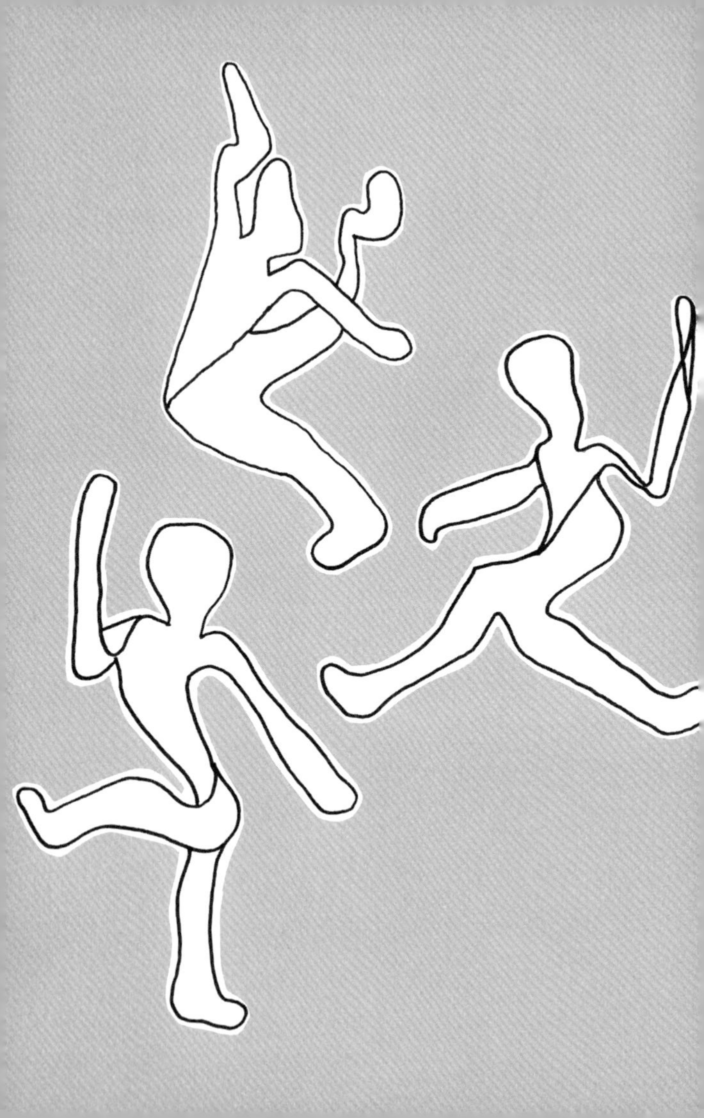

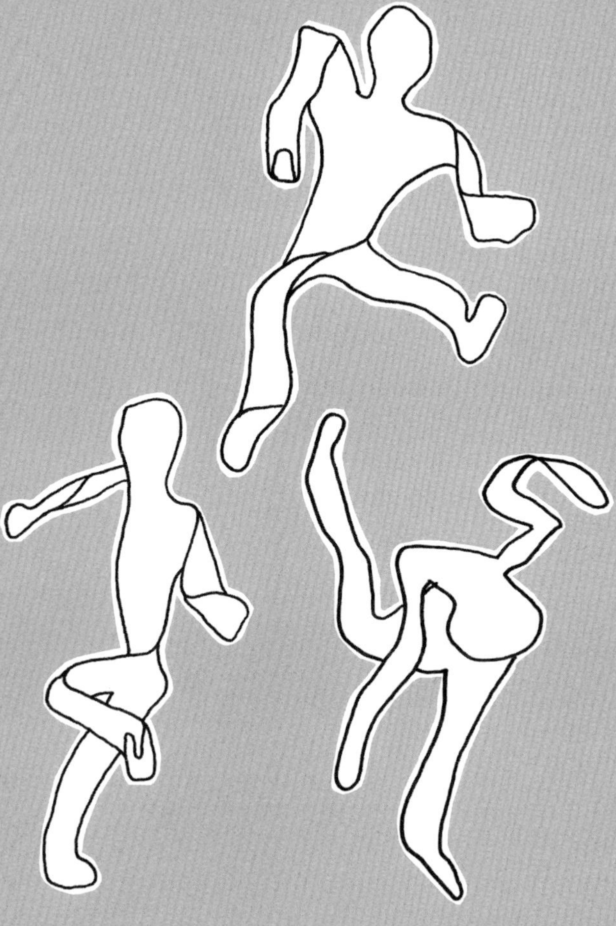

21

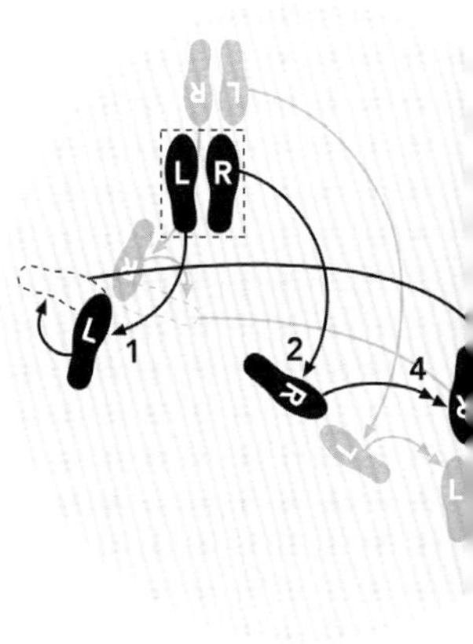

Fortsetzen

Strich für Strich und Skizze nach Skizze eine Fortsetzung aufbauen verlangt nach Voraussicht, weil in jedem Strich sich schon der darauf folgende ankündigt. Kreieren Sie eine Figur. Diese Figur, einmal gezeichnet, zeigt einen Weg zur nächsten Figur usw. Wichtig ist, dass der formale Charakter die Logik der nächsten Gestalten provoziert.

60 Minuten, A4

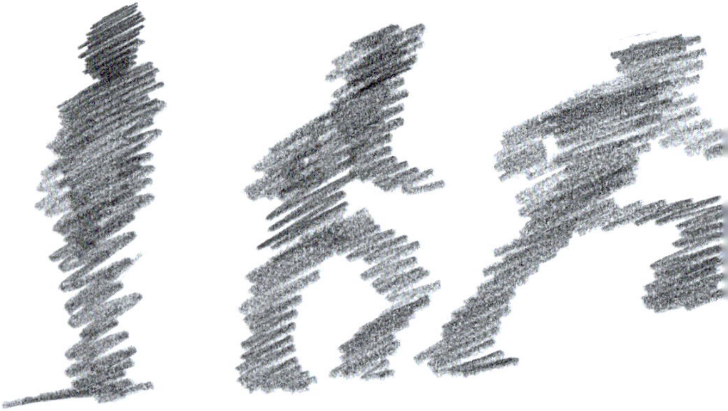

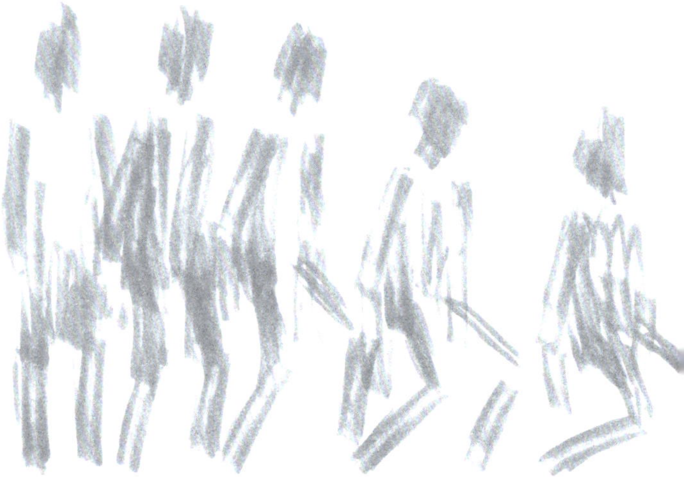

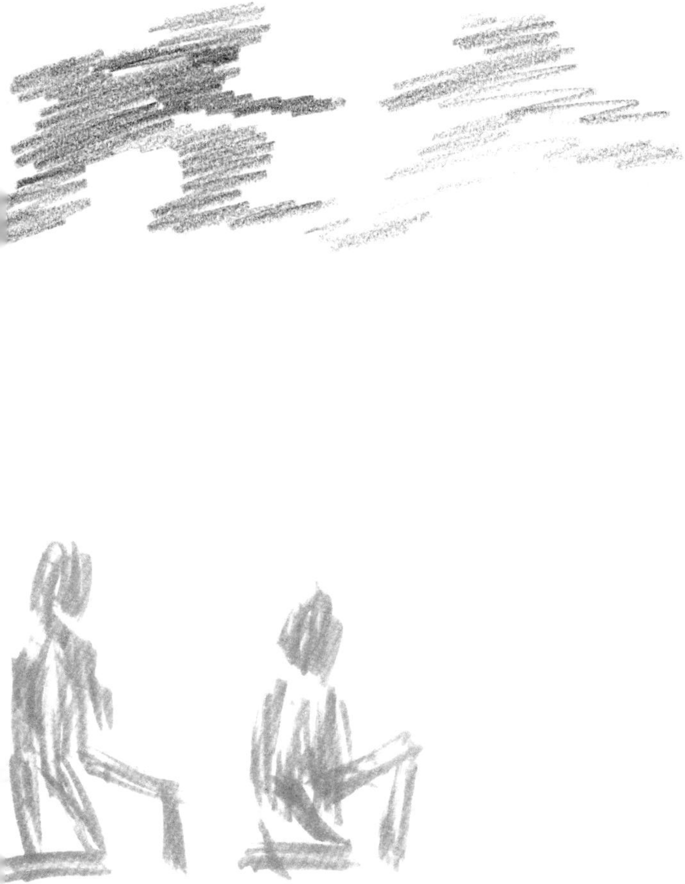

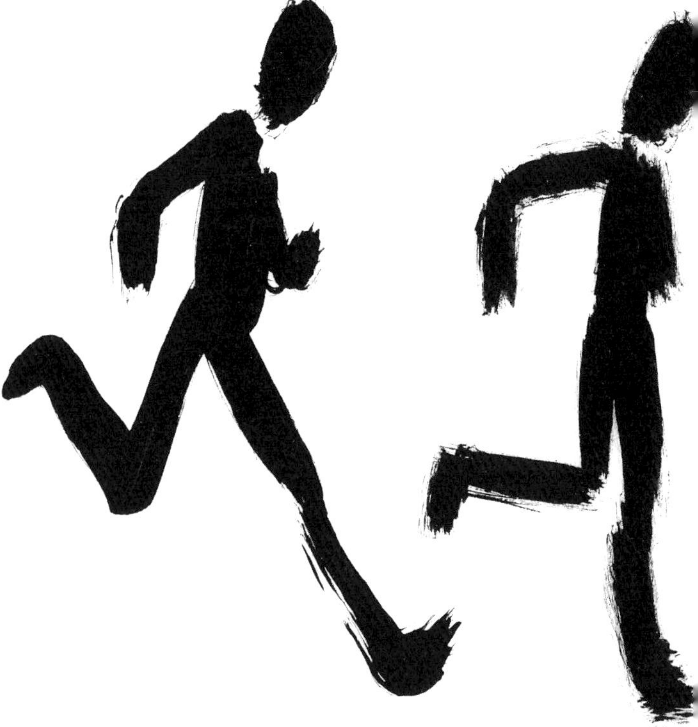

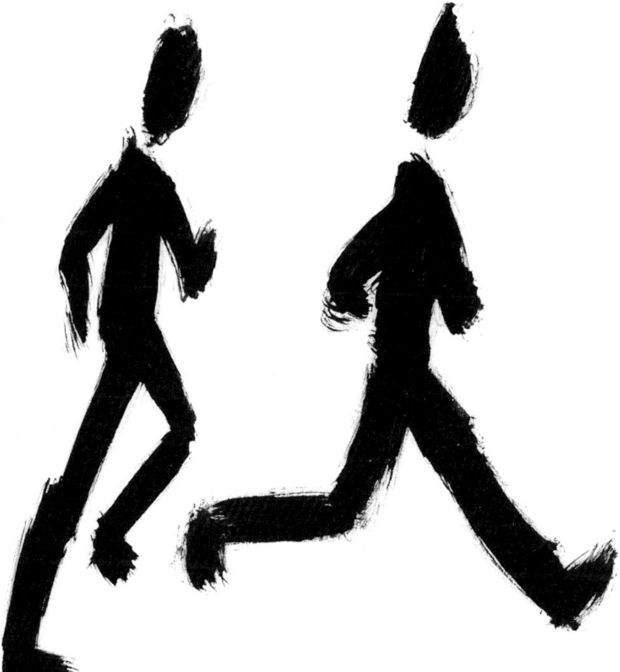

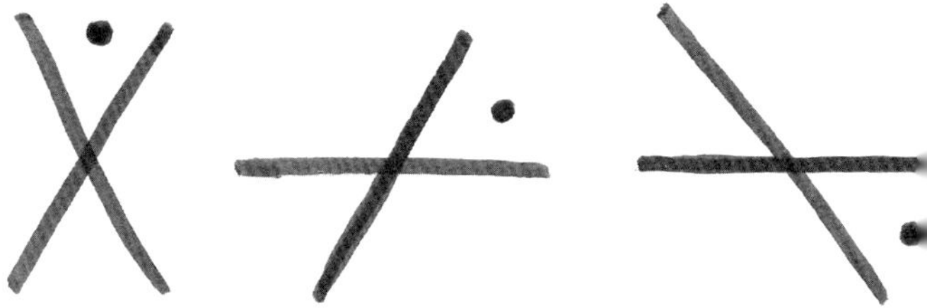

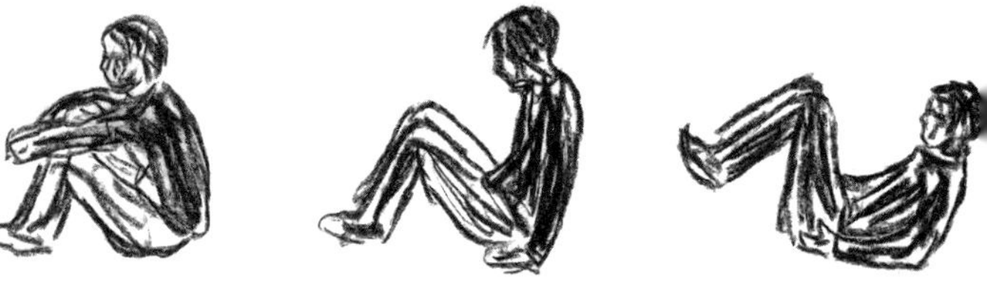

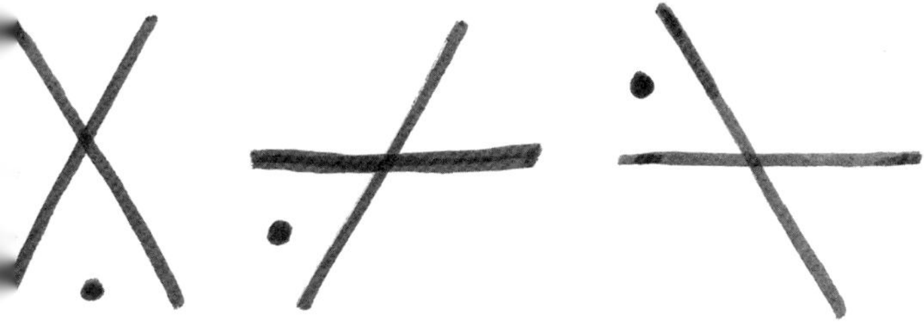

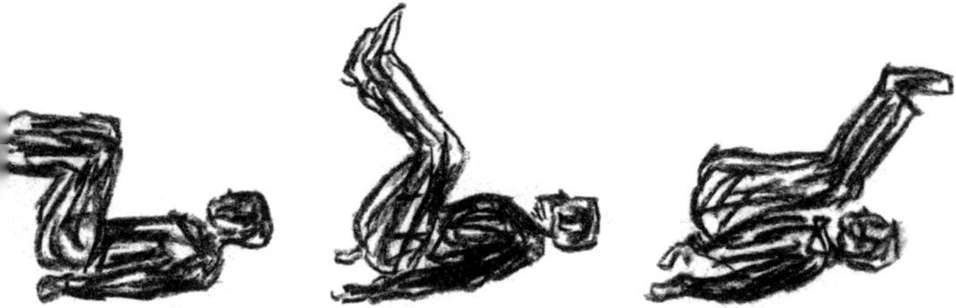

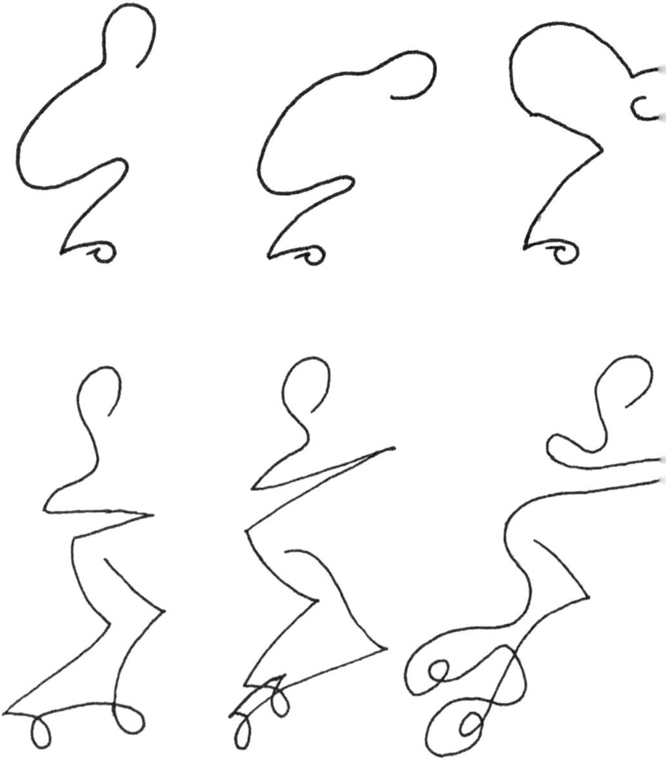

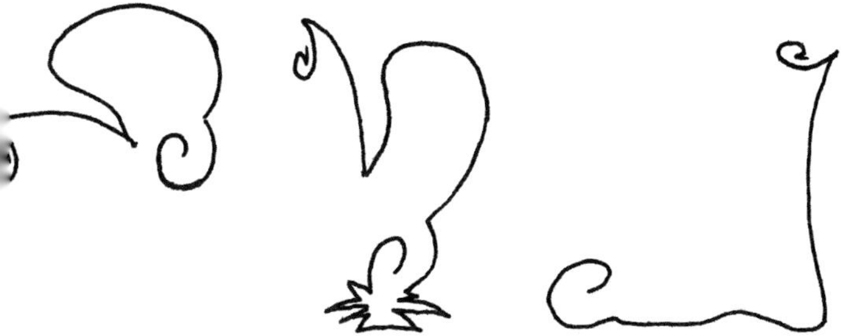

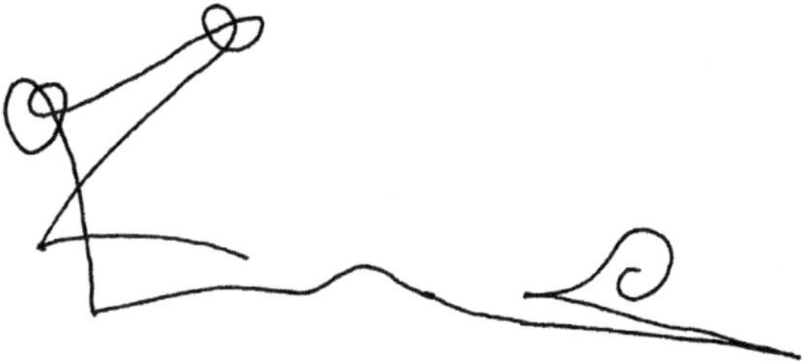

22

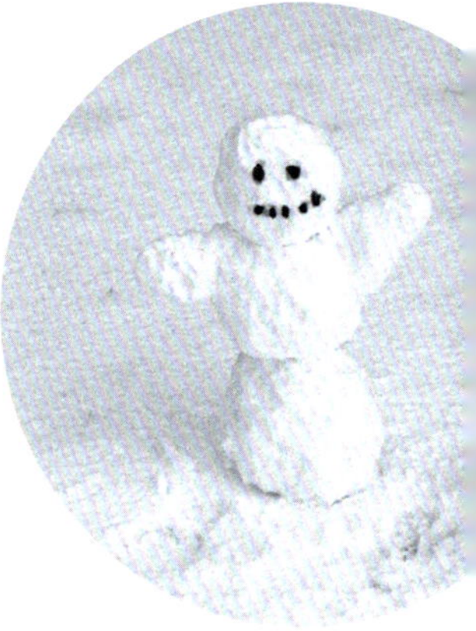

Modellieren

Ihr Gefühl für Proportionen und Formen sollte durch einen zusätzlichen Aspekt, denjenigen der Plastizität, ergänzt werden. Beginnen Sie mit der Grobform, knüllen Sie Papierstücke, die Sie an Rumpf-, Arm-, Bein- und Kopfformen erinnern. Mit Klebebändern tragen Sie weitere spezifische Volumen auf (oder «binden» Sie mit dem Klebeband – wenn nötig – das Volumen in die gewünschte Form), bis sich der Körper verdeutlicht: Frau/Mann, Stirn, Augen, Nase, Mund, Kinn, Brust, Arme, Beine, Knie, Füsse, Gesäss und Rücken. Trotz der spezifischen Andeutung sollen alle Körperteile skizzenhaft bleiben.

90 Minuten, etwa 20 bis 25 cm (stehende Figur)

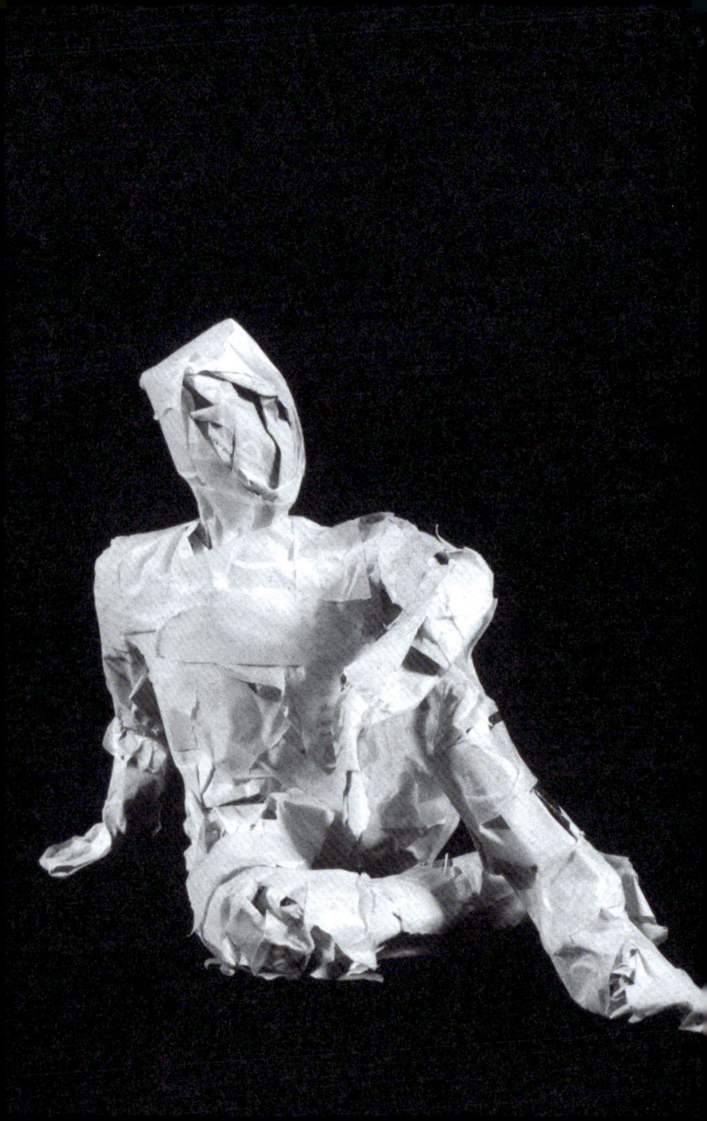

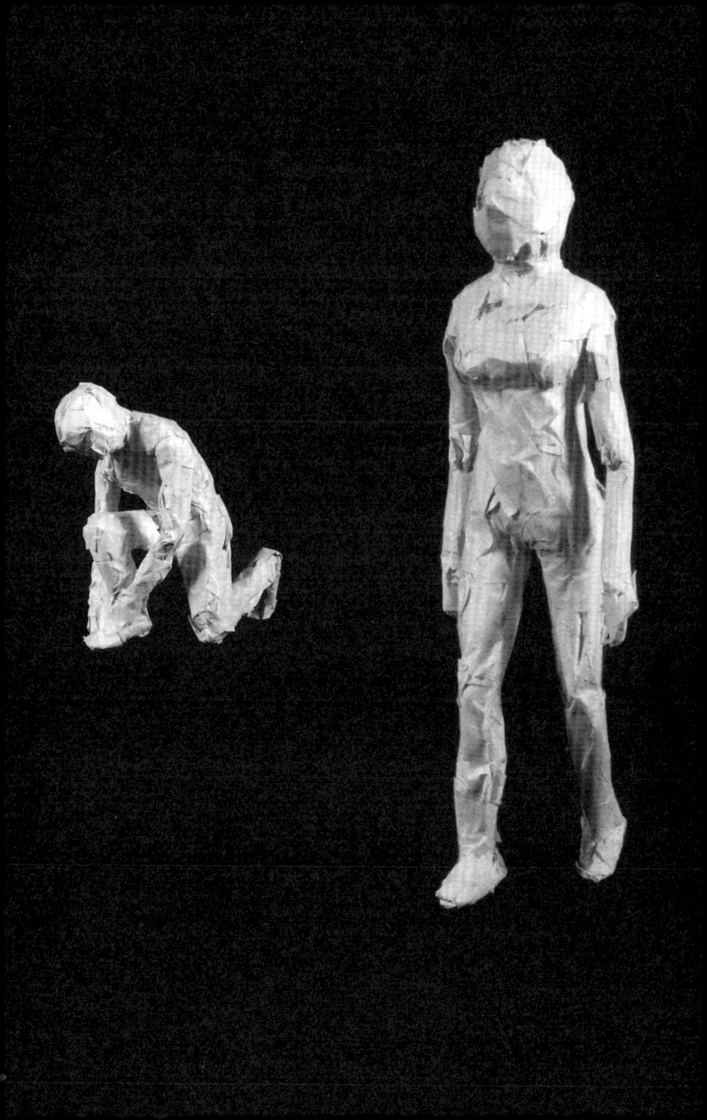

Anmerkungen

Die von Ihnen entdeckte Beschränkung in der Zahl der Übungen ist Programm. Sie soll die Lust erhöhen, die in Ihnen schlummernden Bilder ans Licht zu bringen. Weiterführen, Vorgaben verlassen, Vorlieben entwickeln, vertiefen und eigenen Ansprüchen Priorität geben ist der Sinn, einzelne Übungen auch ein zweites Mal – in veränderter Form – durchzuführen. So lässt sich ihre erste «Bildlese», in erweiterter Form, fortzeichnen, bis sich daraus ein bildnerisches Denken Ihrer Individualisierung entwickelt.

1 SPIEGELN

Ziel: Ordnende, das Bild beruhigende Wirkung von Symmetrien untersuchen.

Fragen: Wie ähnlich müssen sich beide Hälften sein, damit eine Symmetrie entsteht (Duktus bei Abklatsch, Prägnanz bei zeichnerischer Ergänzung einer Hälfte)? Ihr Gesicht im Spiegel ist seitenverkehrt – welche Spielformen fallen Ihnen dazu ein?

2 ERINNERN

Ziel: Nutzung der produktiven Abweichung, die sich durch den Vergleich zwischen Vorstellung und Darstellung ergibt.

Fragen: Wie zeichnen Sie ein kleines Stillleben, das Sie parallel dazu fotografieren? Wie beschreiben Sie den Unterschied, der zwischen der Skizze und der Fotografie entsteht?

3 FESTHALTEN

Ziel: In einer einfachen Proportionsübung werden nicht fixierte dreidimensionale Elemente auf dem Papier festgehalten. Die Streichholzfragmente arrangieren sich durch das Verschieben des Papiers zum Teil von selbst, die Zufälligkeit wird zur Gestaltung.

Frage: Welche Normen fallen Ihnen ein (z.B. das Gefühl für die Gestalt und das Gewicht von Münzen)?

4 KRITZELN

Ziel: «Unkonzentriert» zeichnen, sich vom Entstehenden leiten lassen. Den Figuren auf der Zeichnung bzw. auf der Spur sein.

Frage: Wie wirken sich andere Werkzeuge (halbtrockene Filzstifte, Lithokreiden, Kohle) aus?

5 SCHREIBEN

Ziel: Verwenden Ihrer Handschrift für Bildelemente.

Frage: Wie nutzen Sie fremde Handschriften, damit der verbale Inhalt verschwindet und stattdessen sich eine Bildordnung anbietet?

6 EINZEICHNEN

Ziel: Erkennen des Gestaltzwanges, dem wir alle unterliegen. Sehen, was wir sehen wollen.

Frage: Was sehen Sie, wenn Sie das Anliegen in den Buchstabenformen wechseln (andere Inhalte hineinprojizieren)?

7 FORMEN

Ziel: Mit Linien, die aus der Hand- oder aus der Armbewegung entstehen, Volumen schaffen.

Fragen: Wie offen darf die Zeichnung sein, damit trotzdem noch ein Volumen erkannt wird? Welche zeichnerischen Mittel können auch zu Volumen führen (Punkte, Flecken, topografische Linien)? Welches Verhältnis haben solche Volumen zum eigenen Körper, wenn der Bewegungsradius grösser ist (mit Taschenlampe oder glühendem Ast im Dunkeln gezeichnet)?

8 ÜBERRASCHEN

Ziel: Nutzung eines gemeinsamen Spiels für Gestaltungszwecke.

Frage: Wie ergänzen Sie die Hälfte einer Spielkarte mit Ihrer individuellen Vorstellung (das Spiel müsste noch spielbar sein)?

9 VARIIEREN

Ziel: Erkennen von elementaren Möglichkeiten in ihren vielschichtigen Anwendungen.

Fragen: Welche unterschiedlichen Rollen finden Sie für eine Kartoffel, eine Kastanie, einen Ast, ein Laubblatt? Was entdecken Sie, wenn Sie die Art des Sehens verändern (Augen mehr oder weniger schliessen, Licht verändern usw.)?

10 SKELETTIEREN

Ziel: Herausschälen von innersten gestaltbildenden Linien innerhalb von gewachsenen Strukturen.

Fragen: Welche Formen, Gestalten und Gegenstände weisen diese inneren Linien auf? Welchen Unterschied können Sie darstellen zwischen etwas Natürlichem und etwas Künstlichem?

11 AUFBAUEN

Ziel: Umkehren des Prinzips der Übung 10.

Fragen: Wie tragen Sie eine «Modelliermasse» auf einem menschlichen Körperteil auf (Papiermaché, Lehm usw.)? Wie dokumentieren Sie diese überhöhten Formen? Liesse sich auch eine Performance damit aufführen?

12 MINIATURISIEREN

Ziel: Etwas verkleinern, um den Mut zur Darstellung zu vergrössern.

Fragen: Welche dreidimensionalen Kleinstfiguren finden Sie im Marktangebot? Wie verbinden Sie unterschiedliche Massstäbe mit irritierend kleinen Massstababweichungen (sowohl zwei- wie dreidimensional)?

13 BAUEN

Ziel: Vereinfachung der Körperformen.

Frage: Wie gestalten Sie ein wirkliches Modell im Massstab 1:1 um, damit die Bauklötze einer Maske, einem Kostüm entsprechen?

14 UMGEBEN

Ziel: Den Aussen- oder Binnenraum gestalten, bis sich die Figur abzeichnet.

Frage: Wie gestalten Sie Zeichenwerkzeuge, damit Sie eine lebensgrosse Figur von den umgebenden Formen her zeichnen können? (Verlängern Sie die handelsüblichen Werkzeuge.)

15 SILHOUETTIEREN

Ziel: Ermutigen durch Vereinfachung.

Fragen: Wie geht der umgekehrte Weg vor sich: Aus Silhouetten mit Licht und Schatten modellierte Figuren zu bestimmen und dadurch beleuchtete Figuren zu gestalten? Wie zeichnen Sie räumlich (Draht, Dachlatten, Ruten usw.)?

16 FRAGMENTIEREN

Ziel: Mit dem Fehlenden, bewusst Weggelassenen anregen (Vollständigkeit ist das Ende der Wahrnehmung).

Fragen: Wo gibt es die Beinahe-Vollständigkeit in der Wahrnehmung? Gibt es sie oder gibt es sie nicht?

17 ENTDECKEN

Ziel: Das Verborgene entdecken. Mit Eifer suchen.

Fragen: Welche Spielregeln sind nötig, damit drei Personen gemeinsam etwas Gesuchtes erreichen können? Wie muss das Gesuchte versteckt werden, wie soll es aussehen?

18 ANDEUTEN

Ziel: Wahrnehmende Konsumenten werden – mit Andeutungen konfrontiert – zu Produzenten.

Fragen: Welche Möglichkeiten bieten sprachliche Andeutungen zur weiterführenden Auslegung? Wie sieht ein visuelles Gerücht aus? Wie viel muss zeichnerisch ergänzt werden, damit Figuren eindeutig werden?

19 ENTWICKELN

Ziel: Gewicht auf die Stimmigkeit einer Figur, eines Ausdrucks legen. Die eigene Zeichnung als Grundlage und Referenz für Korrekturen benutzen. Aufmerksamkeit auf Nuancierung richten.

Frage: Über welche Eigenschaften verfügt ein richtiger Fehler?

20 BEWEGEN

Ziel: Nahtstellen zwischen dem Zwei- und dem Dreidimensionalen finden.

Fragen: Wie ordnen Sie Kleidungsstücke (Jacke und Hose), um damit Figuren zu zeichnen? Welche Figuren und Bilder lassen sich mit Kleidern andeuten, die mit der Figur des Menschen nichts zu tun haben? (Mit einem T-Shirt lässt sich auch ein Berg formen.)

21 FORTSETZEN

Ziel: Sich den ganzen «Film» vorstellen, serielle Bildvorstellungen üben.

Frage: Welche Veränderungen gestalten Sie mit einem Stück Knetgummi, um eine Serie von Gesichtsgrimassen stempeln zu können?

2 MODELLIEREN

Ziel: Mit der ganzen Hand formen und zeichnen.

Frage: Welche weiteren Materialien fallen Ihnen ein, um Figuren zu formen? Wären essbare Figuren für Sie ein Thema, um sich das bisher Gelernte einzuverleiben?